働くことの哲学

Work
second edition

ラース・スヴェンセン
小須田 健＝訳

Lars Svendsen

紀伊國屋書店

働くことの哲学

Lars Svendsen

Work
Second edition

Authorized translation from the Routledge Edition
First published in 2008 by Acumen.
Published 2016 by Routledge, an imprint of the Taylor & Francis Group, an Informa Business.
Japanese edition published by arrangement with the literary agency Eulama International through Japan UNI Agency, Inc., Tokyo

両親へ

目次

第二版への序文

本書の第一版は、二〇〇七年から二〇〇八年にかけて楽天主義的なトーンで執筆された。当時私は、労働の未来はきわめてあかるいと考えており、その地平線上にただひとつの真の暗雲があるとすれば、それは散財しすぎてしまう家族が増えはしないか、つまり借金がどんどん増えてゆくのではないかということだったが、それにしてもそんな事態がいつまでもつづくとも思えなかった。とほうもない金融危機が迫っていることなど少しも気づいていなかったし、言うまでもなくリーマン・ブラザーズの名前も、それ以前にはまったく知らなかった。これほどまでに成長率が鈍化するなどとは予想だにしなかったが、この状態はまだしばらくはつづくのだろう。さらにここ数年のとりわけ南ヨーロッパにおける失業率の驚くべき高さもまったくの予想外だった。

第一版で、仕事の歴史やその定義と意義、仕事とレジャーの関係などについて書いたことのほとんどは、ちょっとした部分を改訂するだけでよかったが、飽食の時代における仕事や仕事の未来をあつかった後半のいくつかの章は、はるかに徹底的な改訂をしないわけにはゆかなくなった。さらに、仕事とグローバリゼーションを主題とした短いが新たな一章を書きたした。

ラース・スヴェンセン

オスロー、二〇一五年夏

序

一九五四年、私の父は一四歳のときに、ノルウェーの南東に位置するちっぽけな工業都市であったモス市の造船所に、配管工見習いとして勤めることになった。この造船所では、もともとは大型タンカーが造られていた。当時そこは、モス市内でもっとも大きな会社で、二千人の労働者を雇いいれていた。私の父は一八歳で正規の配管工となり、およそ一〇年後に現場監督になったが、二〇〇二年に健康上の理由から引退した。勤めてすぐのころから造船所内で大量のアスベストにさらされてきたことが、一番の原因だった。父は、一生を同じ会社で定年まで勤めあげた。私の印象では、いつも変わらずほとんどの期間、父は造船所で働くことを楽しんでいた。だが、父は出勤した日はいつも、ちょうど午後三時三〇分になると、すぐにも帰りたがった。子どものころの私は、たいていは造船所の入り口のゲートで父と会い、いっしょに歩いて帰宅した。仕事と余暇のあいだにはきわめて厳格な区別があり、父が仕事場の外で同僚と会うことはほとんどなかった。とりわけ親しい同僚が病気になったさいには、父は午後になると彼を訪ねていったが、そうしたばあいでもないかぎりは、父にとって仕事と余暇は厳格に分離された社会的領域であった。自分の仕事が「有意義な」ものかとか、それが自身の「真の自己」の表現となっているかなどといった類いの問いが、父の念頭に浮かぶことはまずないようだった。

父の経歴についてのこうした私なりの説明は、多くの点で、こんにち仕事がどんなものと思われているかという実態とは真逆のものだ。仕事についての近年のイデオロギーは、仕事とは有意味かつ愉しくあるべきで、同僚は友人でもあるべきであり、仕事とはまずもって自己実現の手段であるべきだと主張する。それればかりか、新たなテクノロジーの発達につれて、仕事をおこなう場所や時間についての規制はとりはらわれて、その結果いまや仕事と余暇の境界線は曖昧になりつつある。私たちは、ますます頻繁に職を変えるようになっている。いまでは、生涯にわたってひとつの職に就いているひとは少数派になり、キャリア半ばで職をガラリと変えてしまうことはもはや当たりまえになりつつある。私たちは以前よりも長生きになっているが、逆に仕事に費やされる期間は短くなりつつある。

いまの私には、すべての出勤日をまさに自分の好きなように費やせるくらいに、そのすべてが自己実現にかかわっていると思える仕事があるが、それでいて頻繁に、自分の仕事は本当に有意義なのだろうかといぶかしまずにはいられない。これが人生をかけてやろうと思っていることだろうか。少なくとも月に一度は、大学を辞めてもっとやりがいのあるなにかを見つけたいと思うことがある。父と私とでは仕事にたいする態度があまりにちがうため、傍《はた》から見るとおたがいがまったく異なった世界に住んでいるかのように思われるかもしれない。だが私は、父が仕事からなにを学んだかという点で父と自分には多くの共通点があるとも思っている。父が仕事とアイデンティティについて思いなやんだことなどなかったにもかかわらず、あきらかに造船所での仕事は、父が自分をどんな存在と理解し、また他人からどうみなされていたかを決めるうえで重要な部分を占めていた。あの仕事がなければ、父は自分の人生の意義にとっての重要な源泉を奪われたままだっただろう。同じことは哲学者という私の職業にも当てはまる。私は、父がそうしていたように自分の仕事に真摯《しんし》に向きあっている。そこには確実に、みずからの仕事への相応の自負がある。私も父もとりたてて信仰心に篤《あつ》いわけではなかったが、みずからの職業倫理という点ではプロテスタントと形容されてしかるべきだ。父も私も、仕事がなければ、おそらくは気がちがってしまっていたことだろう。仕事から引退したのち、父は母をノイローゼすれすれにまで追いこんだ。なにしろ、父は一度に数分以上なにもしないでボーっとしていることができなかった。そのため、家中のすべての部屋をなんども改装してまわる始末だった。労働のない世界という考えは、おそらく私たちのいずれをも絶望の淵に追いやるだろう。

だが、ためしに労働のない世界がどのようなものであるかを想像してみよう。それがいま私たちの生きている世界とはまったく異なったものになることはたしかだが、よりよい世界となっているかどうかは定かではない。労働のない世界では、もはや仕事が私たちにとって自身のアイデンティティをしるしづける本質的な特徴となることはなくなるだろう。社会的関係は新たな土台をもとにして形成されねばならなくなろう。人生における目的というものへの感受性の一部は――ことによると大半が――失われてしまうだろう。私たちには、もっと自由に使える時間は増えるだろう。だが、その時間を使ってなにをするのだろうか。私たちの生活全体が、一から想像されなおされねばならなくなるだろう。「労働の終焉」はすぐそこまで来ているというひともいれば、労働のない世界こそが私たちの歴史的な定めだとまで言うひともいる。私はどちらの見解にも与《くみ》しないが、そうはいってもそうした世界は、興味深い思考実験の一例を提供してはくれる。なにしろそれは、現在の私たちの生活において現実に労働がどれだけ大きな役割を演じているかを逆照射してくれるのだ。

本書では、仕事の政治的な側面よりも実存的な側面のほうに主眼が置かれる。仕事がどのような意味ないし意義をもつものであるのかが、私の主たる関心事となろう。もちろん、私は仕事の実存的側面と政治的側面とのあいだに厳格な、あるいは「分析的な〔つまり、それぞれの用語の意味内容を吟味すればおのずとあきらかになるような〕」区別を立てることが可能だと想いえがくほど愚かではない。なにしろ、仕事と政治は、そもそもそれらが存在するようになって以来、分かちがたく絡みあっている。これはどちらに力点をおくかの問題だ。ジェンダーや社会階層、民族性や能力の有無といった論点が、本書で正面から論じられることはまずない。哲学から歴史学、社会学にまでまたがるさまざまな資料が参照されることになるが、私が本書の読者として想定しているのはあくまで一般の読者だ。さらに、私が本書でとりあげるのは西洋社会だ。

そもそも、哲学者が仕事についてなにを言えるのかと疑問に思われるひともいるだろう。つまるところ、哲学することは「本物の仕事」であるようには思われないというわけだ。たしかに、そうした意見がもちだされるのもわからなくはない。思うに、哲学を生業《なりわい》とするようになるほとんどのひとには、天職としての職業というものへのある種の感受性が、つまりこれが生涯かけてやるべく自分に定められているものだという感情が欠けているのかもしれない。哲学を生業とするということは、天職というよりはむしろ半永久的なヴァカンスのようなものだと考えるひともいるだろう。何冊も本を読んだり、長いすに横たわってものを考えたり、若干の文章を書いたり、「奥が深」そうに思われることを口にしてみたり、といった行為は、たいした仕事とは思われないというわけだ。もし読者から、「本物の仕事」に類したなにかをおまえはこれまでにしたことがあるのかと尋ねられたなら、パートタイムで八年間も掃除夫をしていたことを挙げておこう。だが、学者は全員一日に三時間は力仕事につくべきだというジョン・ロックの勧告にはしたがえそうもない。たしかに、ロックの言うように、だれもが精神ばかりでなく、肉体をも鍛錬すべきではあろうが……。

　仕事にかんする専門的な著作の大半は、当の主題から適切な距離をとろうとするあまり、往々にして論じる対象とのつながりを見失ってしまい、結果としてアカデミックな産業自体にかかわる部分を別にすれば、程度の差こそあれどうでもよいものになってしまっている。こうした危険は、おそらく哲学者にとっては想像以上に大きいだろう。なべて本物の哲学は、経験に出発点を求めるものであり、だから哲学とはすでに体験ずみの経験あるいはその意味についての反省となる。その点で哲学は、その内容と正当性とを、いわば哲学以前のできごとから得てくるものであり、私の考えでは、哲学がその正当性を維持したいと望むなら、この関係を手放してはならない。私見では、大半の講壇哲学〔日本語で「象牙の塔」という言いかたがされるように、もっぱら日常生活から遊離した大学という空間内でいとなまれる机上の学問を揶揄する表現〕につきまとう問題は、私たちを抽象のうちに迷いこませ、そもそも私たちを哲学することへといざなった当の経験を、視界から見失いがちにさせてしまう点にある。

現代の日常生活における仕事の意義を理解したいというのであれば、まずは私たちよりもまえの世代にとって仕事がなにを意味していたかを考察するところからはじめる必要がある。現在をしかるべく理解するには、過去が不可欠だ。一世紀ほどもどってみるなら、労働者には残業代も払われなければ、有給休暇も健康保険もなく、当然年金も雇用保障もなく、もちろん失業保険もなかった。労働者は驚くほど長時間働かされていたから、おそらくこんにちの労働は彼らの眼には「パートタイム（短時間勤務）」くらいにしか見えないだろう。こう言ったからといって、こんにちの労働が完璧なものだなどと言いたいわけではない。それどころか、仕事にたいするまったくの両極端な態度が見られることは否定すべくもない――だが、以前と比べるなら、それなりに満足できるようになったと答えておくべきだろう。だから、こんにちきわめて多くのひとが、労働生活は概して悪化の一途をたどっていると信じこんでいるのは奇妙なことだ。

こんにち見受けられる労働生活にたいするこうした否定的な見解は、仕事という概念そのものの一部をなしているようでもある。さまざまな言語において仕事を意味するあれこれのことばの語源が、そもそも仕事（work）がきわめて不快なことがらであることを示唆している。こうした事情は、とりわけフランス語で仕事を意味するトラヴァイユ（travail）の例を挙げてみればはっきりするだろう。このフランス語は、三本の杖からなる拷問用具を意味するラテン語のトリパリウム（tripalium）に起源をもつ。ギリシア語で仕事を意味するポノス（ponos）は悲しみを意味し、ラテン語でそれに当たるラボール（labor）はつまらない仕事のことだし、ドイツ語のアルバイト（Arbeit）は苦難や不運を意味していた。ヘブライ語のアヴォダー（avodah）は、語源的には「奴隷」を意味するエヴェド（eved）と同根だ。現代のさまざまな辞書には、そこまであからさまに否定的な意味は載っていない。そこに見られる典型的な記述は、たとえば、「仕事《ジョブ》」、「身体的あるいは精神的な努力を要すること」、「なにかをやりくりしてそこから利益を引きだすこと」、「特定の素材を用いてある道具をつくりだすこと」等々といったところだろう。これらは、それぞれにまったく異なった活動となりうる。たとえば、なんらかの素材を加工して道具をつくるのとは無縁な仕事はいくらでもあるし、じっさい多くの仕事は、この意味では「非生産的」だ。また私たちは、ときに「ワークアウトする」、これはトレーニングするという意味だ。さらにはときに「なにかをワーク・オフする」が、これは不快な感情なり思考なりを「ワークアウトする」ことで払いのけるという意味だ。「ワーク」という語にはほかにもさまざまな意味があるが、本書のなかで私たちにとってもっとばはつぎの二つの意味のあいだを曖昧に揺れうごいているわけではない。「仕事」という語の主要な二つの意味とは、「賃労働」と「やらねばならない特定の課題ないし労働の過程」というものだ。つまり、「仕事」ということばは、それを説明するとされる当のことばである「労働」ということばを用いることなしには定義されえない。これではほとんどなにも言っていないに等しい。

ともすると、「仕事《ジョブ》」という意味でのワークだ。とはいえ、「仕事」ということ

コンサイス・オクスフォード英語辞典によると、労働とは「エネルギーの消費であり、労苦であって、ある目的のために努力をはらうもしくは尽力すること」だ。だが、言うまでもなく私たちは努力を要するすべてのことがらが労働とみなされるべきだとは考えない。テニスをすることは肉体的には消耗するが、それが労働だなどと主張するひとなどいない。科学者ロバート・ボイルが一六四〇年代に指摘していたが、「われらが騎士たちが気晴らしにおこなっているテニスは、ほかの多くの輩《やから》が労働としておこなっていることに比べて、はるかにつらい。それでも、騎士たちはテニスを好み、後者はその仕事を毛嫌いする。なにしろ、われわれは必要もないのにテニスをしており、きゃつらは選択の余地もないままに労働しているのだ[1]」。十代のころ、私もひたすらテニスに打ちこんだ。夏のあいだじゅうは、毎日三、四時間の練習を欠かさなかったし、もっと試合で勝てるように、トーナメントで勝ちあがれるようにと、いつだってがむしゃらだった。だが、どれだけ厳しい練習をつんでも、テニスにたいするもともと

の才能の欠如をかろうじて補う程度の結果しか出せず、一七歳のときに私はいまが自分の選手としてのピークであり、それにしても国内の最高の選手に比べればはるかに劣ると身にしみた後で、テニスから引退した。それ以降も私はテニスと真摯に向きあっており、博士論文を書いていた時期をのぞけば、テニス以上に情熱を傾けた対象はなかった。とはいえ、私がテニスにどれほどの情熱を傾けたかはどうでもよいことであり、テニスへのこの私の熱中を、だれもこのことばの固有の意味で「労働」とは呼ばないだろう。ともかく、私がテニスにどれほどの努力を傾注したかは、ある行為が労働とみなされるに値するかどうかとは無関係だ。そのためには別の条件が必要になることはあきらかだ。私の弟は私よりはるかに才能に恵まれていて、国内でもトップ・プレイヤーにランクされている。一時は、すべての時間をテニスに費やしてその道のプロになることも考えたようだ。だが、最終的にその代わりに進学を選択し、おそらくそれは賢明な選択であった。だが、もしプロの道を選んでいたとしたら、そのばあいには彼がテニスをすることは「労働」とみなされるようになっていただろう。とりわけ、それによってある程度の収入がもたらされていたなら。そのときには彼はもはやアマチュアに、すなわちそれにたいするアマーレ（愛）だけでそれをおこなう人物でありつづけることをやめていたわけだ。

　経済学者アルフレッド・マーシャルによれば、労働とは「そこからじかに生じてくる喜びとは別の財を、部分的もしくは全面的に念頭においていとなまれる精神ないし身体の努力」を意味する。[2] この定義は、あきらかに上述のいずれの労働概念をも満たしていない。なにしろ、私たちがふつう労働とはみなさないきわめて多くの活動が、この定義に当てはまってしまう。たとえば、長時間の散歩は、たんにそれが好きだからという理由でなされているかぎりは、労働とはみなされないが、ダイエットのためといった別の目的が混じりこむと、たちどころに労働に組みいれられる。

あることがらが「労働」とみなされるべきかどうかを決定するうえで決定的に重要な役割を果たすのは、おそらくお金だろう。だがこれも、以下のいずれの事例にも当てはまらないようだ。私の母が自宅で私たち兄弟の世話をしてすごした年月が「レジャー」であるのにたいして、社会福祉事業で会計士としてすごした日々は「いわゆる労働」だということになるだろうか。おそらく、母はこれに同意しないだろう。もっと極端な例としては、奴隷制度が挙げられる——家事がときに奴隷状態に匹敵する負担であることに同意するひともいなくはないだろうが。奴隷には給料が払われることはないが、だからといって奴隷は労働していないと結論づけるのは、どう見ても理にかなっていない。古代エジプトのピラミッド建設に駆りだされた人びとから、アメリカの綿花畑で働かされたアフリカ人にいたるまで、歴史をつうじていたるところでなされてきた労働の大部分は、無給の奴隷に担われた。こうしたわけで、お金という要素を導入してみても、「労働」についての満足のゆく定義が手にはいるとはとても思われない。

ふつう私たちは、労働をかたちづくるものがなんで、そうでないものがなんであるのかを直観的に理解している。そんなとき、定義などいらない。一九六四年にニコ・ジャコベリスとオハイオ州とのあいだで闘わされた猥褻《わいせつ》裁判[3]での裁判官ポッター・スチュワートの発言を読んだときのことが思いおこされる。「私はきょう、これから速記録に記されることになるこの手のことがらについて、あらためて定義を与えようとは思わない。そんなことにいくら頭を使っても、まずうまくはゆかないだろう。だが、それを眼《ま》のあたりにしているときは、それがどのようなことがらなのかは一目瞭然だ」。私たちはたいていじっさいに現場にいるときには、なにが労働で、なにが労働ではないかが分かっている。だが、労働と非労働とのあいだに線引きをする段になると、そしていまおこなっている活動がどちらに属するかを決めようという段になると、それは突如として難しくなる。たとえば、物乞いは労働だろうか。ジョージ・オーウェルなら、たいがいのひととは逆に、そうだと答えるだろう。『パリ・ロンドン放浪記』のなかで、オーウェルはこう書いている。

物乞いは働いていないと言われる。だが、それなら働くとはどういうことか。工夫はつるはしを振るって働く。会計係は計算のつじつまを合わせて働く。物乞いはどんな天候の日でも戸外に立って、静脈に青筋をたてて慢性の気管支炎を患いながら働く。これだってれっきとした職業だ。もちろん、まったく役にはたたない。だが、それを言うなら立派な仕事とされるもののなかにも役にたたないものはいくらもある。（中略）シビアに眺めるなら、物乞いとて一商売人であり、ほかの商売人同様、手近なやりかたで生計をたてているだけのことだ。物乞いは、ほとんどの現代人ほどには自分の名誉までも売りはらってはいない。たんに、いくら励んでも金持ちにはなれない仕事を職にするというまちがいを犯しただけのことだ。[4]

思うに、オーウェルは正しい。物乞いをつまはじきにしておきながら、通常「仕事」に組みいれられがちなほかのありとあらゆる活動を内包するような労働の決定的な定義を与えることなど、とてもできる話ではない。

私自身のことを言えば、自分の仕事が——それで給料を得ているにしても——しばしば「労働」に組みいれられるのを辞退したくなる類いのものに感じられることは否定できない。頻繁に私は、大学の研究室へ行かずに、数日間家でのんびりと、膝に猫を載せて居間の寝椅子に横になり、コーヒーと煙草をちびちびやっている。そんな状態で読書をしていると、その内容があまりにおもしろくてワクワクするので、とにかくその本は手の空いている時間にしか読むまいと思うほどだ。アリストテレスであれば、私が仕事と称するものをむしろレジャーとみなすだろう。私のおこなっていることが仕事とみなされるようになったのは、人類の歴史のなかではほんの最近のこと、専門の学者が出現して以降のことだ。

労働と非労働とのちがいが比較的明瞭になったのは、ある時点以降、すなわち労働者がみずからの労働力を一定の時間工場主に売って、そのあいだじゅう工場ですごすようになってからのことだ。かつては、仕事とレジャーのあいだにはかなりはっきりした区別があった。そこでは労働は、時間と場所の観点から定義可能だった。すなわち、雇用主に雇われている時間と労働者自身の時間という区別だ。これには、労働空間と私的空間との分離が密接に結びついていた。もちろん、これはいわば大多数の労働者にとって仕事がどのようなものであるかを示しているにすぎないが、それと並行して、確実に仕事の新たなパターンもあらわれており、いまや労働者が毎日特定の場所にいる——つまり、数日を事務所で、別の日を家ですごす——わけでも、決められた時間だけ労働するわけでもないような事態が当たりまえになりつつある。これはとりわけ、「知識労働者《ナレッジワーカー》」と呼ばれる、昨今膨張しつつあるカテゴリーに当てはまる。この手の人びとにとっては、自分たちがいつ働いていて、いつ休んでいるかを正確に区別することはかなり難しい。携帯電話やインターネットといった新たなテクノロジーの出現が、こうした区別に多大な影響をおよぼしている。こうした新しい柔軟性《フレキシビリティ》とともに、労働と非労働という区別自体が、時間と空間のいずれの面でも不分明になったと主張する者もいる。フレックスタイムはどんどん当たりまえになりつつあるし、人びとは以前よりもいっそうめいめいでスケジュールを管理するようになっている。「フレックススペース」〔家屋で言うなら、間仕切りなどを自由に動かして間取りからレイアウトを好きに変えられるようになっている空間をさすが、ここでは事務所や居間といったぐあいに部屋を固定せずに使うスタイルのこと〕とでも呼べるものも、徐々に定着しつつある。そこでは、私たちがどこで働いているかは、じっさいに仕事をきちんとこなしていさえすればどうでもよいことがらとなりつつある。多くのひとにとって、事務所はもはや特定の建物のなかにある特定の部屋を意味せず、むしろ携行できるもちもの程度のものと化しつつある。つまり、ラップトップコンピュータと携帯電話があれば、どこでも事務所になりうる時代なのだ。

労働には賃金の払われるものもあれば払われないものもあり、楽しめるものもあれば退屈にしか感じられないものもあり、解放感を与えてくれるものもあれば奴隷状態同然のものもある。労働を呪いのように受けとるひともいれば、祝福と受けとるひともいる。私たちのほとんどにとっては、そのどちらでもあるというのが実情だろう。バートランド・ラッセルが『幸福論』のなかで指摘しているが、「労働のうちには、たんなる退屈しのぎからきわめて深遠な喜びにいたるまで、その労働の本性および労働者の能力に応じるかたちで、ありとあらゆる段階が認められる[5]」。同じ仕事でも、それに従事するひとが異なれば、まったく異なった経験をもたらす。だから、なんであれ仕事にかんする一般的な断定は、私たちを誤らせかねない。なにしろ、仕事とはかくも多くのことがらを意味しうるし、じっさいに意味してきた。仕事がなんであるかは、ひとによって異なる。そのちがいは、そのひとがどんな人物で、どんな仕事に従事しているかに左右される。

仕事は、私たちの生活のもっとも普遍的な特徴のひとつだ。実質的にはだれもが働いている。カール・マルクスが書いていたように、「労働の過程は人間的実存に自然から課された消えることのない特徴だ[6]」。仕事をしないでいられるひとなどほんの一握りしかいない。労働する必要のまったくないほどの金持ちでさえ、たいていは働いている。この普遍性がまた誤解のもとともなる。なにしろ、労働とはそれほどまでに多彩な現象なのだ。ノルウェーの哲学教授も、アメリカのCEOも、コロンビアのコーヒー農園主もみな働いているが、彼らの労働経験のあいだには類似点よりも相違点のほうが、おそらくは膨大な数にのぼるほど認められるだろう。だから、労働「一般」にかかわるいかなる言明も、取りあつかい注意と言わざるをえない。他方で、労働という多彩な現象についてなにがしかの理解を得ようと思うなら、こうした漠然とした一般化や単純化を避けてとおるわけにもゆかない。

もっとも根本的な水準において、仕事とは私たちが生活必需品を獲得するために外界に変化をもたらす行為を意味する。私たちが働くのは生きてゆくためだ。このシンプルなモデルは、現代社会以上に農耕社会にこそ直接的に当てはまる。人類の歴史の進展とともに、仕事と生存との関係はますます見えにくくなってゆく。農耕社会でみずからつくりだす食料や衣服にたいして当人がもつ直接的な関係と、コンピュータ・プログラマーがこんにちそうしたものにたいしてもつ関係とでは、天と地ほどの開きがある。もしコンピュータ・プログラマーが自分のつくったものしか消費できなくなったとしたら、すぐにも寒さに震え、飢えに苦しめられるだろう。コンピュータ・プログラマーにとっては、依然として生産と消費のあいだにはつながりがある。だがそれは、貨幣という制度を介する点で、はるかに間接的になっている。

仕事には別の側面もある。すなわち、仕事は食料や衣服、住居といった――さらには車や液晶テレビといった——外部に実在する商品の生産にかかわるばかりでなく、ときに娯楽や個人的成長といった内面にかかわる財をつくりだすことにも関係する。私たちは仕事をつうじてのみあるべき自分になりうる、すなわち自分の人間としての可能性に気づけるようになると説く者さえいる。仕事において私たちは、おのれの外部になにかをつくりだすばかりでなく、自分自身の自己同一性《アイデンティティ》をも構築する。私たちは、起きている時間の多くを長年にわたって占めている活動をつうじて、自分自身について多くのことを学ぶ。自分の能力や他人とのかかわり、社会の組織のなかでの自己の役割などをだ。私たちがみずからの人生設計を組織するうえでの中心軸となるのが仕事だ。自分がこの人生でなにをしようとしているのかを考えるとき、あるいは生きるなかでなにをなしとげたいのかを考えるとき、仕事の問題は避けてとおれない。

　仕事は私たちのアイデンティティにとって不可欠のように思われる。だれかの死亡記事を読むとき、そのひとの一生の記述のなかで主要な役割を演じているのはたいてい職業だ。だれかにはじめて会うとき、たいてい私たちはその相手がなにをしているのかを、つまり生活のためになにをしているのかを尋ねる。あたかもそれによって、その人間がどういったひとなのかが即座に分かると思いなしているかのようだ。パーティでだれかと会い、その相手が心理学者だ、もしくはレジ係だ、あるいはミュージシャンだとか消防士もしくは投資銀行家だと聞くと、その人物にたいする私たちの印象は、まちがいなく彼らの職業に応じてかたちづくられる。テレビのコメディ『となりのサインフェルド』のなかで、なんら印象に残る職業生活を送っていない登場人物ジョージ・コスタンザは、初対面のひとに会うたびに嘘をついて、じっさいよりもはるかに知的な仕事に就いているという印象を相手に与えようとする。彼は自分が建築家ないし海洋生物学者だと言いはって、見た目よりも興味深い人間だという印象をかきたてようとする。嘘がばれると、彼はさらにエキセントリックにふるまう。とにもかくにも、相手がどういった人間かを推測するさいに、その相手が生活のためになにをしているのかが材料とされるのはごく普通のことだ。こうした推論は誤りに陥ることもままあるが、それなりの根拠がある。来る日も来る日も私たちがおこなっていることは、当然ながら世界および自分自身にたいする自身の全般的な態度に影響を与えずにはおかない。だれも働いている自分を職場においたままにしてくることはできないし、仕事以外の生活のなかに少しも仕事をもちこまずにいることもできない。もちろん、だれもが各人の個性のちがいに関係なくその仕事と同一視されうるなどということはない。あるひとには、仕事が当人のアイデンティティの主たる源泉だが、友だちや家族、あるいは趣味との関係のほうにアイデンティティの基礎を置いているひともいる。

哲学者と社会科学者は、往々にして労働の悲惨さを描きだすことに気をとられるあまり、労働から与えられることのある満足を関心から締めだしてしまう。「内面的な満足感」がまったく得られない、つまり金銭以外の見かえりをなにももたらさない仕事をイメージすること自体が、とてつもなく困難だ。もちろん、あらゆる仕事が同等の満足感をもたらすわけではない。

自分の一番の関心を追求できる仕事は、同じ仕事についている同僚とともに働くのが愉しく感じられ、世界をもいまより少しでもよいものにする活動にささやかながら貢献しているという実感を私たちにもたらす。そういった仕事は、そうしたことがまったく当てはまらない仕事に比べて、ずっと内面的な満足感をもたらす。「仕事は仕事で、それ以上でも以下でもない」といった言いかたは、端的に誤っている。

労働がこれほどまでにとほうもないヴァリエーションと、かくも多彩な側面とをともなった現象だという事実に鑑みれば、「労働とはなにか」という問いに簡潔な答えなどあろうはずもない。労働にかんしてただひとつの真理と呼びうるものはなく、私たちがなにものか、なにをなすのか、どのようにしてそれをおこない、またなぜそれをおこなうのかといったことに応じて、複数の真理がありうるだけだ。本書は、労働についての「正論」を掲げてそれを擁護しようなどということをもくろんでいるわけではない。むしろ労働についての、すなわち以前には労働がなんであったか、そしてこんにち労働とはどのようなものであり、このさきどのようなものになってゆくのかといった多様な側面についてのスナップショット集たらんとしている。仕事とどのようにかかわるべきかという問いにたいする答えを読者に提供しようなどというつもりは微塵《みじん》もない。仕事に組みこまれうるもののあまりの多様性に直面すると、各人各様だと言ってすませるのは論外にしても、あらゆる仕事に当てはまる普遍性をそなえた気になっているどんな解答もまったくの誤答でしかないことは一目瞭然だ。そのかわりに私がここにもちだすのは、なんらかのパースペクティヴと示唆を提供するというずっとささやかな目標だ。ルートヴィヒ・ヴィトゲンシュタインはこう書いていた。「哲学の仕事は（中略）ほんらいは、むしろ人間そのものについての仕事だ。人間の自己理解。どのように事物を見るか。（そして、事物になにを望んでいるのか）」[7]。思うに、これはきわめて正鵠《せいこく》を射ている。そうした自己省察が「外部から調達される」ことなどありえない。これは、だれもが自分でやらねばならない作業だ。私が本書でめざしているのは、読者がこれまで見のがしてきたことがらにもう少しきちんと眼を向け、これまで考えずにすごしてきた若干のことがらについてもう少しきちんと考えるようになる、そのきっかけとなることだ。

第1章

呪いから天職へ

――仕事の哲学の小史

思想史を考察してみると、仕事にかんする二つの主要なパースペクティヴが眼につく。一方で労働は無意味な災いとみなされ、他方で労働は有意味な天職とみなされる。前者は、古代からルネサンス期までの支配的な見解で、後者は、ルネサンス以降こんにちにいたるまでの支配的な見解だ。

古典期のギリシアの哲学者たち以上に仕事を低く評価したひとは、おそらくいない。古代ギリシアには、こんにち私たちが芸術と呼ぶものにあたる固有のことばがなかったばかりか、仕事をさす固有のことばもなかった。生産行為が異なれば、ギリシア人たちはそのつど異なったことばを用いた。しばしば「仕事」と翻訳されるギリシア語ponosは、もともとは努力を要しはするものの必ずしも生産的ではない活動を意味していた。芸術概念のばあいと同様、仕事をさす固有のことばのこうした欠落を、私たちは現在の考えかたをギリシア文化に逆投影することでやりくりしようとするが、そのさい同時に過度のアナクロニズムに陥らないよう十分注意する必要がある。

スタンダードな想定にしたがうなら、古代ギリシア以上に仕事を嫌った文化はないことになるが、実情はもう少し込みいっている。詩人ヘシオドスは、仕事をつらいものとみなしていたが、仕事をすることでのみ神から祝福を受けられるとも信じていた。紀元前七世紀に書かれた『仕事と日々』には、こうある。

> 神々もひとの子らも、生来モンスズメ蜂のように仕事をしないで暮らす輩には、ひどく立腹する。この針なし蜂は蜜蜂の労苦を、自分は遊んでいながら平らげるのだ。だがおまえはそのつど、仕事を喜んできちんきちんと果たすように。そうすればおまえの納屋は、節季には［来年の］食糧でいっぱいになるだろう。仕事によってひとは羊群も殖やせれば、裕福にもなる。それに、よく仕事をするひとはますます不死なる者たちに愛される。仕事はちっとも恥ではない、怠惰こそ恥だ。なるほどおまえが働きだすと、やがて怠け者たちはおまえが金持ちになるのを見て嫉むだろう。[1]

『仕事と日々』におけるモラルは、働くことは人間にとって逃れられない宿命だが、喜んで仕事をする者には富がもたらされ、よい人生を送れるようになると教えている。さらにヘシオドスがあきらかにしているところでは、労働する必要がなければ、すなわち大地から食糧が無尽蔵に生みだされ、仕事などまったくのお飾りでしかなかった黄金時代に生きていたなら、その人間の一生はとてつもなくよいものであっただろうが、そんな時代はすでにすぎさり、もはや仕事をする以外の選択肢はない。

『仕事と日々』における労働についてのこうした記述から、こんにち一般に思われているよりもはるかに陰影に富んだ労働概念がギリシア人のもとに見られたことがわかる。ギリシア人たちにとって、決定的な区別は、生産活動か非生産活動かにではなく、強制的な活動か自発的な活動かというところにあった。私たちを貶《おとし》めるのは、労働そのものではなく、あくまである種の労働、すなわち必要に迫られておこなわれる労働だ。たとえば、ホメロスの二つの物語『イリアス』と『オデュッセイア』における英雄に眼を向けるなら、そこでは英雄たちはありとあらゆる種類の生産活動に巻きこまれている。たとえば、アキレスは肉を切りわけ、オデュッセイアは家や船を製造する。それればかりかオデュッセイアは、自分の寝台までつくる始末だ。こうした生産活動によって、彼らの英雄としてのイメージになんらかのダメージがもたらされることを窺《うかが》わせる兆候はなにひとつない。なにしろ彼らは、そうした活動をすることをみずからの意志で選んでいる。彼らが望めば、おそらくそれを別のだれかにやらせることもできたはずだ。彼らにはそんな活動をなにひとつしないですませるという選択も可能であったわけだから、その活動をすることは、そうすること自体を目的とした、自由な選択にもとづく行為であった。この点に、彼らの行為とどこにでもいる職人や土方のいとなみとの決定的な相違がある。ポイントは、通常の労働者のばあいなにかをつくることは、そうしなければならない、たとえば生計をたてるためといった必然性から発している行為であるという理由からして、彼らを貶めるものとして機能するのにたいして、たとえば貴族がまったく同じものをつくることができるのは、当人がそうしたくておこなっているからであり、この自発的なものである点で、その活動は当人を貶めるものとして機能することにはならないというところにある。ある活動がそれにたずさわる人間を貶めるものとみなされるかどうかは、それを遂行するひとの社会的地位による。

働かざるをえない立場にある者は、一段劣った者とみなされる。つまり彼らは、生活のための物質的必需品を調達するには労働するよりない立場にあるわけで、そうした社会的地位が彼らを貶めるように機能するのだ。活動それ自体はまったくなんの支障もないものとみなされた。だから、高貴な者が椅子を製造する決心をしたとしても、この高貴な者がそのことで貶められることはない。なにしろ、なにをやるのも当人の自由だ。それにたいして、同じ活動をする大工がそうすることで貶められるのは、経済的必要からそれを製作するよりほかない状況にあるからだ。さらに大工は、注文主の要望にも応えなければならない。その点でも、大工には自律性が欠けている。他人の意志から自由でいられない者もだれであれ、政治論議の場面では自由な存在とはみなされない。当然そうした人間は、政治的影響力を発揮しうるはずもないとみなされる。なにかを生みだすという活動そのものが、それ自体でだれかを貶める機能を果たすわけではなく、肝心なのは生産者の社会的地位だという点を看過してはならない。だが、プラトンとアリストテレスの出現とともに、労働という活動そのものがそれに携わる者を貶める機能を果たす、それればかりかその人間の魂を堕落させるはたらきをするものとみなされるようになる。

ギリシア人たちは、さまざまな種類の労働を、それらがどの程度の肉体的犠牲を強いるかという観点で分類するようになる。当然、もっとも身体的な拘束をもたらす労働がもっとも卑しむべき労働とみなされる。アリストテレスに言わせるなら、そうした活動はもっとも「奴隷的な」活動だ。[2] 大工に知識が必要なことはアリストテレスも認めていたが、その知識にしてもアリストテレスに言わせれば、特定の種類の経験に制約されたものでしかない。大工がみずからの知的能力を発達させて、徳の真の本質を把握できるようになることはありえない。[3] だから大工には、国家の本来の一員となることはかなわない。同じことは農夫にも当てはまる。だが、いくつかの理由からアリストテレスは、画家と羊飼いをこの例外とみなすことには同意している。[4]

肉体労働と商業行為を、このようにひとを貶める仕事とみなさせる原因はなんだろうか。肉体労働のばあい、その理由はたんにそれが肉体を駆使するものであるという事実に尽きはしない。ギリシアの哲学者たちは、総じて身体を駆使する経験やスポーツにかんしては肯定的であった。じっさい、プラトンはレスラーでもあった。もともとの名前はアリストクレスと言ったが、私たちはプラトンに、つまり「がっしりしている」もしくは「肩幅の広い」といった意味のニックネームのほうになじんでいる。これは、プラトンのレスリングの教師がプラトンにつけたニックネームだ。

そうなると、肉体労働をこれほどまでにいかがわしいものとする要素はなんだろうか。じっさい、肉体労働を意味する「バナウソス」(banausos) は、奴隷状態と大差ないものとみなされていた。プラトンは、肉体労働と哲学することとのあいだに厳格な区別を設けたうえで、自由なのは後者だけだと主張している。[5] さらに、スポーツやレジャーが軍事や政治目的のために心身を整えるはたらきをするのにたいして、肉体労働は心身をすりへらしてしまうことで、このいずれをも弱体化させる。じつのところ、プラトンの見方はこれほど明晰《めいせき》なものではない。プラトンが批判しているのは、レジャーだけで暮らす金持ち連中であって、プラトンに言わせるなら、その手の輩は大工を生きかたの見本とすべきであり、哲学を学ぶ者は肉体労働をもふくめて、あらゆる種類の労働への愛をもたねばならない。[6]

それにもかかわらず、プラトンが肉体労働を否定しているというのが、この問題にかんするプラトンの見解をまとめるさいの常套句《じょうとうく》となってしまった。そうした態度は、ソクラテスの同時代人であったクセノフォンの対話篇『オイコノミクス』のなかにさえ、はっきりとあらわれている。そのなかで、ソクラテスはこう述べる。

じっさい、いわゆる「賤しい」職業は、都市国家《ポリス》でよく言われないどころか、一般にひどく軽んじられている。なにしろそうした仕事は、最後にはこの仕事に従事する者ばかりか監督をする者にも、ほとんど身体を動かさなくてすむ生活を強いて、屋内にとどまらせることで、彼らの肉体をダメにしてしまう。そればかりか、この仕事に就く者のなかにはひがな一日火の番をさせられる者もいる。その結果、身体が疲れきるだけでなく、心のほうもすっかり無気力になってしまう。のみならず、いわゆる「賤しい」職業は、当人から友人やポリスを気遣う余裕をも奪いさる。だから、この手の人びとはろくな友人づきあいもしなければ、自分の国を守る気概も欠いた人間になりさがる。じっさい、いくつかのポリス、とりわけ戦争に長けているとされるポリスでは、賤しい職業に就くのを許された市民などひとりもいない。[7]

アリストテレスは『政治学』のなかで、「賤しい」ということばを「身体を拘束」し「嗜好《しこう》が下品」であることを意味する侮蔑的な用語として用いる。[8] アリストテレスは奴隷と肉体労働とを比較して、奴隷ばかりでなくあらゆる種類の労働者が他人の意志によって「隷従状態」に置かれていると主張する。アリストテレスの言うところでは、戦争の目標が平和であるのとまったく同様に、労働の目標はレジャーだ。[9] 労働とは、このたまらない災厄から逃れるだけの富をもたない不運な魂にとって、レジャーという目標にいたるための手段以外のものではありえない。アリストテレスにしたがうなら、労働は人間に可能性として潜在している徳の育成の実現の途上に位置する。人生の真の目標である徳の育成には、並々ならぬ時間と労力がかかる。労働は、徳の育成という理性の本来の使用とその陶冶《とうや》にとっての妨げであった。プラトンとアリストテレスが肉体労働についてごくささやかな思索しか提供しなかったにせよ、肉体労働ほど身体に負荷を強いない労働である商業については、彼らがもっと高度な思索を展開したものと思いたくなるかもしれない。少なくとも、評価が肉体労働のばあいよりも悪くなるとは考えないだろう。だがプラトンは、『国家』のなかでポリスを構成する市民階層の最下層に商人を位置づけている。商人とは理性よりも欲求につきうごかされる人間にほかならず、プラトンが条理を尽くして述べるところでは、そうした輩がなんらかの政治的影響力をもつようになれば、国家は災厄に向かってまっしぐらだ。『法律』になると、商人にたいするプラトンの嘲りはさらに加速度を増す。プラトンによるなら、商売のために私たちは陰謀をめぐらし、たがいの信頼関係を失ってしまう。この結果ポリスの市民たちは、たがいによそよそしくなり、猜疑《さいぎ》心《しん》の塊《かたまり》になる。[10] こうしてプラトンは、商業で生計を立てることと自体をポリスの市民としての罪とみなす。この種の活動は、異邦人によっていとなまれるべきであり、その活動は厳しく監視される必要がある。なにしろ、商人とは悪名高いいかさま師なのだ。[11]

アリストテレスもまた、商人にはいかなる政治的影響力も与えられるべきではないという立場を露骨にあからさまにする。[12] 商人とは、誤った価値に頼って生計を立て、そればかりか利潤を目的それ自体とみなすという決定的なあやまちをおかしている輩だ。[13] アリストテレスの考える幸福な人生からこれほど遠い生きかたなど、そうはない。アリストテレスの見るところ、私たちの人生のいっさいのポイントは、幸福に行きつけるかどうかにかかっており、このばあいの幸福とは「よく生きること」と同義だ。[14] 幸福であることとよく生きることとは同一視される。それ自体で目的となりうる唯一のものが幸福であり、そのほかのいっさいはこの目的にいたるための手だてだ。アリストテレスに言わせれば、商人は、それ自体は手だて以外のなにものでもありえない利潤を目的と混同している。だからこそ商人は、まったく深みを欠いた暮らしを送っており、自分の人間としての品格のほとんどを陶冶しそこなっている。アリストテレスに言わせるなら、商人が俗っぽくて愚鈍なのは、よく生きることに寄与するはずのことどもについて理性的に推論をはたらかせることができないからだ。

ギリシアの哲学者たちのこうした見方は、しばしば古代ギリシアにおける労働の地位を代表するものとみなされてきたが、それは必ずしも正鵠を得ているとは言いがたい。それどころか、職人はみずからの仕事に誇りをいだいていたようだし、じっさい自身の仕事を誇らしげに語っている文章の彫りつけられた数多くの墓碑銘がいまも残っている。そればかりか、職人たちのコンテストもおこなわれており、勝者には王冠が授与された。仕事中の職人を描いた数多くの彫刻や陶器、ブローチもまた、哲学者たちの労働観が必ずしも広く共有されていたものではないことを示していよう。そうは言っても、いまなおプラトンとアリストテレスの見解は、古代ギリシアにおける労働がどのようなものであったかについての「公式」見解とみなされるのがつねだ。

中世におけるキリスト教の台頭とともに、仕事の哲学は変容をこうむる。キリスト教思想では、私たちの知るような労働は、アダムとイヴがエデンの園から追放された結果とされる。エデンの園にあっては、必要に迫られて労働しなければならなくなることなどなかった。アダムとイヴはただ手を伸ばしさえすれば、樹木になっている果実をとって食べられた。ただし、ひとつだけ禁じられていた果物があり、それを食べてしまうと、エデンの園からの追放というきつい罰が待っていた。このとき以降、人間には労働という苦役が課されることとなった。「おまえは顔に汗を流してパンを得る。土にかえるときまで」[15]。中世には、労働は依然として災厄とみなされていたが、同時にそれは義務でもあった。義務としての労働という観念は、ギリシアの哲学者たちにとってはとても想像のつかなかったものだが、キリスト教的理想によってまったく新たな展望が持ちこまれた。四世紀の教父アウグスティヌスは怠惰を厳しく戒め、肉体労働に従事するようカルタゴの僧侶たちにはっぱをかけた。六世紀のベネディクト修道院の創設者の労働観は、労働は告解の役割を果たすというものであった。すなわち、労働とは肉欲にたいする罰なのだ。さらに労働は、私たちが怠け者になるのを防いでもくれる。怠惰こそはきわめて有害なことだ。「怠惰は魂の敵だ。だから、修友よ。聖なる読書にそうするのと同じように、労働にも一定の時間を当てなさい」[16]。一三世紀の哲学者にして神学者であったトマス・アクィナスにしたがうなら、すべての人間には自身をよりよいものとし、隣人を助け、神への感謝の念を示すべく労働する義務が課されている。これが、のちにプロテスタントの職業倫理と呼ばれることになるものへ向かう最初の一歩であった。もちろん、神との関係において労働は依然として従属的な役割しか占めておらず、祈りと瞑想のほうがはるかに本質的ないとなみではあった。相変わらず労働は内在的な価値を欠いたものでしかなかった。

宗教改革とともに、劇的な変化が生じる。宗教改革によって、労働を富裕層をもふくめた万人にとって、ポジティヴな役割を果たすものとみなす見方が発達し、召命という観念が根本的に拡張された。召命ないし天職という観念は、これ以前から知られてはいた。じっさい、修道僧と聖職者は、全身全霊をこめてみずからを神にささげ、社会一般における世俗のことがらいっさいから身を引くことで、その天職につきしたがった。一六世紀の修道僧にして教会改革者マルティン・ルターにとっては、神に仕える最上の方法はひたすら自身の職業に献身することであった。これこそが、召命ないし天職という観念の核心だ。神が求めるのは、祈りと隣人にたいする折にふれての善行ばかりでなく、その全体が労働と礼拝からなる人生でもあった。ルターは、全面的に神にささげられた生活という修道士にとっての理想をとりあげなおして、それを修道院の壁の外へもちだし、普遍的な労働倫理へとつくりかえた。それればかりでなく、「世俗の」仕事は、少なくとも世間から隔離された修道院における修道僧の務めと同じくらいに、賞賛に値することとみなされるようになった。「修道士と僧侶の仕事は、それがどれほど神聖で労苦を要するものであれ、神の眼からすれば、屋外で額に汗して働く農夫や家事にとりかかる女性たちの仕事と大差ない」[17]。いまやあらゆる仕事が、神の偉大な計画の一部と化し、自身の仕事にできるかぎり励むことは、宗教的義務だ。私たちは生まれもっての職業を天職とみなしてそれに従事しつづけねばならない。その仕事をお与えくださり、そのような社会階層のうちに私を据えられたのは神だ。立身出世して「社会的成功者」たらんとするなど、まったくもって神の権威にたいする反抗としか映らない。

プロテスタントの労働倫理は、労働についてのギリシア的な観念の対極に位置していると言いたくなるかもしれない。労働は、日々の生活に必要なものを提供するという次元をはるかに超えた価値をもついとなみとみなされる。プロテスタントは、労働をきわめて高次なものとみなしたので、労働に関係ないいっさいのことがら、とりわけ愉しみや快楽は、いかがわしい本性をもつものとみなされた。だれもが自分の仕事に誇りをもつべきであり、できるかぎり一生懸命それに励むべきだ。ここには、正義の理念も表明されている。なにしろ、つらい仕事には褒賞《ほうしょう》が与えられてしかるべきであり、成功は神に正しく仕えたことの徴《しるし》なのだ。

一六世紀のプロテスタントの改革者ジョン・カルヴァンは、ルターの考えをさらに発展させて、金持ちであろうとなかろうと、とにかくだれもが労働にいそしむべきだと主張した。なにしろ、それこそが神の御意志だ。キリスト教思想につきものの金銭にたいする不信とは逆に、最大の収入をもたらしてくれる職業を選ぶことこそがだれにとっても宗教的義務だとカルヴァンは主張した。プロテスタンティズムが資本主義の発展における一番の原動力になったというのは奇妙に思われよう。なにしろとりわけキリスト教は、金銭にたいしてことのほか反感を示すことで知られている。つまるところ、「テモテへの手紙」第一書簡で聖パウロが書いたように、「なにしろ金銭への愛着こそが、あらゆる種類の悪の温床だ。あまりに金銭を熱望するあまり、信仰の道から逸《そ》れて、数えきれないほどの苦しみでわれとわが身を刺しつらぬいてしまった者も少なくない」[18]。さらに「マタイによる福音書」にはこうある。「だれも二人の主人に仕えることはできない。なにしろ、一方を憎んで他方を愛するか、一方に献身し他方を軽蔑するかのどちらかだ。神と富に同時に仕えることはできない」[19]。カルヴァンは、論理を駆使してこの二律背反を骨抜きにし、金銭を蓄えることを、むしろ神への信仰心あふれる僕《しもべ》であることの真の徴たらしめた。これは、意味深い変形であった。すでに見たように、ルターの考えでは、社会的階梯《かいてい》を昇ってゆこう、もしくは仕事を変えようとすることは、神の権威にたいする反抗にほかならない。それにたいして、カルヴァンによれば、私たちはいつでももっとも金銭の得られる天職を選ぶべきだ。自分の天職を好きなときに変えてかまわないという発想は、労働者の解放にとっては重要かもしれない。そして労働者がみずからの労働力を必要とする者にたいしてそれを売る権利をもつという状況が徐々にしつらえられていったことで、この発想はどんどん当たりまえのものとなっていった。

社会学者マックス・ウェーバーによって『プロテスタンティズムの倫理と資本主義の精神』のなかで描きだされたこのような労働倫理は、どちらかといえばありがたくないものに思われるかもしれない。なにしろ、その中核をなす特徴は「いっさいの自然的な享楽の厳格な忌避」[20]だ。それは、富の蓄積がまったく消費に向けられることのない禁欲的倫理だ。ウェーバーの言いかたを借りるなら、勤勉なプロテスタントは自身の富から「自身のためにはおのれの天職をまっとうしているという非合理的な感情以外には」なにも得るものがない[21]。ウェーバーの見るところ、プロテスタントが非合理的なのは、勤勉にたいするいかなる褒賞もそこに欠けているからだ。大地に根ざしているかどうかは、プロテスタントにはどうでもよいことだ。なにしろ彼らは、もっとずっと高いところ、すなわち天国へ救われることをめざしている。この救いは、選ばれし幸福な者にまえもって定められている。個人にとっての最終的なゆきさきに影響をもたらしうるものなど、それが善行であれよき意図であれ、なにひとつない。個人の運命はすでに決まっており、当人が有徳な人生を送る選択をしようとも、真逆の選択をしようともなにも変わらない。

問題は、なぜプロテスタントが、そんなことをしても最終的なゆきさきにはなんの影響ももたらさないと分かっているのに、ひたすら勤勉に励むのかだ。ウェーバーに言わせると、プロテスタントはみずからの運命を変えようとして労働にいそしむのではない。なにしろ、そんなことがとてもなしうる話でないことは、当人も重々承知だ。そうではなく、自分自身を慰めるためなのだ。なにしろ労働という領域における成功は、恩寵の徴とみなしうる。カルヴァンに言わせるなら、救いを約束されている人びとは、全身全霊をこめてひたすら神の望みの実現に尽くす。その熱意は、それ自体では救済のチャンスにたいしてなんの変化ももたらさないが、神がお望みになられたのは、選ばれし者が模範的な市民であることなのだから、各人がそのような模範的市民としてふるまうなら、そのふるまい自体が、当人が選ばれし者のひとりであることの徴とみなされうることになる。プロテスタントの送る人生は日々の暮らしの心労に満ちみちているが、仕事における成功は当人が神の計画にかなっており、それゆえまずまちがいなく救済の候補者であることの徴となりうる。もしだれかが神の偉大な計画の一部として十全に機能しうるなら、それは、たまさかの善行が必要とされるよりもはるかにすばらしいことだろう。そのひとは残りの全生涯を、よき仕事というひとつの統合された全体たらしめねばならない。

ときがたつにつれて、プロテスタントの労働倫理にたいするこうした神学的な基礎づけは色《いろ》褪《あ》せていったが、倫理そのものは残った。おそらくこのようにして世俗化していったこの倫理のもっとも有名な代弁者が、富とは徳にかなった行動の産物にほかならないと情熱的に説いてまわったベンジャミン・フランクリンだ。もちろんフランクリンは、神を完全に視野の外に押しやってしまったわけではない。だがフランクリンのもとでは、もはや労働は、礼拝の一形式とはみなされない。いまや労働者たちが自身の心の奥底に秘めているのは自分の利害だが、富を得ようとして勤勉に働くなかで労働者たちは間接的に神への奉仕も遂行しており、だからこそやがて神も労働者に褒賞をもたらしてくれる。フランクリンのことばを借りるなら、「神はみずからを助くる者を助く」[22]（このことばを聖書からの引用だと思っているひとが少なくないようだが、聖書が説いているのはこれとは真逆のこと、すなわち神が助けるのは自分ではどうすることもできない者だと主張することも可能だ)[23]。フランクリンの考えでは、人生で成功をおさめるためには、私たちは以下の一三の徳を示してみせねばならない。すなわち、節制、沈黙、規律、決断、節約、勤勉、誠実、正義、中庸、清潔、冷静、純潔、謙譲[24]。

こうした職業倫理は、いまではその力の大半を失ってしまっているようだ。勤勉がそれ自体としてとりわけ私たちを高貴にすると信じるひとの数はどんどん減少しつつある。だが、プロテスタントの遺産は依然として私たちの労働にたいする関係に影響している。じっさい、主要人口をプロテスタントが占める国ぐにでは、就業率がほかの信仰に依拠している国ぐにに比べて六パーセント上昇している。

一九世紀のスコットランドの著述家トマス・カーライルは、祝福としての労働という観念をその極限にまで推しすすめた。つまりカーライルは、いわば職業倫理を宗教にもとづかせるのではなく、労働それ自体を宗教たらしめたのだ。

なにしろ、労働のうちには永遠の高貴さが、そればかりか神聖ささえ認められる。どれほど無知にして、自身のいと高き召命を忘れていようとも、じっさいにそして熱心に働く者のうちには、つねに希望がある。終わりなき絶望は、ただ怠惰のうちにのみ巣食う。どれほど強欲でけちであっても、労働は、自然につうじている。働きたいという真の欲求は、私たちをどんどんと真理へと、自然との命令および規定——これこそが真理だ——へと近づけてゆく。[25]

じつのところカーライルが描写しているのは、こんにち私たちが仕事中毒《ワーカホリック》と呼ぶ事態にほかならない。仕事中毒者は仕事を人生におけるあらゆる困難からの逃避先に利用して、自分をそっくり仕事のなかに浸すことで、もはや自分を悩ませるいっさいの自余のことがらを頭から追いはらっている。カーライルは、こうも書いている。

> どれほど卑しい仕事においてさえ、それにとりかかるやすぐに人間の魂全体が、ある真の調和に落ちつくことになるということを考えてもらいたい。疑い、欲望、嘆き、自責、憤慨、絶望といったものそれ自体は、だれの心にもとりつくが、そうしたものすべては、地獄の番犬のように、貧しい日雇いの魂につきまとって離れない。それでいて、日雇いは自分の仕事に、なにものにもとらわれない不屈の闘志で立ちむかう。そのときこれらすべてはやわらげられ、四の五の言いながらもその洞穴のなかへ縮こまってゆく。[26]

それを実行しているのがどんな人物であれ、怠惰こそが最低の悪徳だ。金持ちであると貧乏人であるとを問わず、怠惰な人間を非難することにかけては、カーライルは峻厳このうえない。このようにしてカーライルは、カルヴァン主義を労働倫理というただひとつの要素へと切りちぢめる。そうすることで、現実の労働のかけらすらそこには認めえないような典雅な高みへと労働倫理を格上げしようというのだ。カーライルの生きたのが、産業革命の絶頂期であったにせよ、その理想主義的な労働観は、最新のテクノロジーが人間におよぼしつつあった影響にたいする、同程度に峻厳なその批判——それによれば、テクノロジーは人間を「機械化」してしまう——に影響されたわけではなかった。それ自体でみたばあいに労働は、私たちをまちがいなく高貴な者たらしめるものだろうか。一般的な真理としてみたばあい、とうていそんなことは言えない。極端な例を挙げるなら、強制収容所に捕らわれている囚人たちは、みずからのおこなっている労働によって「高貴な」者となっているだろうか。そんなことはない。それどころか、そうした労働は彼らの尊厳を剝奪し解体しているだけだ。そうした収容所のなかの囚人たちと、自分のおこなっている仕事のうちに個人的ではあれ本当の意味を見いだしている労働者たちとでは、世界はまるっきり異なっている。カーライルが付与するような性質をもちうる仕事とはどのようなものであり、またどの程度そうした性質をもちうるかは、当人の従事している仕事がどのような種類のものであり、そこにどのような関係がなりたっているかに左右される。カーライルの同時代人であった哲学者ジョン・スチュアート・ミルは、カーライルの労働賛美に容赦のない応答で応えた。

思うに、労働はそれ自体でよいことではない。労働を労働自体のゆえに称賛しうるものとする要素は、なにひとつない。価値ある目的のために労働することは賞賛に値する。だが、価値ある目的とはなにによってそうであるのか。この点にかんして、貴下の寄稿者（カーライル）の宣託は、これまでのところこの問題自体を解きほぐすだけの説得力を欠いている。彼は労働の観念をめぐる永遠の循環のうちに巻きこまれており、これでは地面の上昇、あるいは杼《ひ》か羽軸を駆動することとそれ自体が目標、それも人間生活の目標であるかのようだ。だが、人類にたいするどれほど崇高な奉仕でさえ、それが価値あるものなのは、それが労働だからではない。その価値は奉仕という行為自体のうちに、それをなそうとする意志自体のうちにある。それは、その行為が成果となるものについての高貴な感情だ。そして、もし意志の高貴さが労働以外の証拠によって、たとえば危険や犠牲的行為によって証明されるとしたら、そこにも同じ価値が認められる。ここではもっぱら労働自体を問題にし、その目標を脇に置いているうちに、私たちはずいぶんと目下の話題の根から離れてしまった。というか、まだそれを根と呼べるにしても、それは花も果実ももたらさない根でしかあるまい。[27]

こうした労働の哲学にたいする反論を展開した人物は、ミルひとりというわけではけっしてない。カール・マルクスの義理の息子であったポール・ラファルグをはじめとして、ミルにつづいた人物には事欠かない。ラファルグは『怠ける権利[28]』のなかで、仕事への愛という「わけのわからない幻想」を一蹴して、私たちはこれまで労働に投げかけられてきた「聖なる後光」を一掃しなければならないと述べた。だが、この点でミルがことのほか興味深いのは、ミルがいわば労働のロマン主義的変形とでも呼びうるものの鮮烈な具体例でもあったからだ。

ロマン派にとっては、天から降ってくるいっさいのものは意味をもっている。そして、神の不在によってもたらされた意味の空虚を満たすべきものは、どんな種類の意味でもよいわけではなく、人格的で個人的な意味だ。ロマン派は、まさにみずからの探しもとめるものがなんであるのかを、それがいわば無限の意味であり、各人によって現実化されるべきものだということのほかには、まったく知らない。だれもがもっとも払いのよい職業を選択すべきであり、だれでも好きなときに職業を変えてかまわないというカルヴァンの考えは、だれもが自分に最大の意味と満足とをもたらす職業をめざすべきだという考えにとって代わられた。そのばあいの意味とは、もはや神とのいかなるかかわりをももたず、それがかかわるのは、もっぱら個々人、それも自分の可能性をもっともよく実現できるはずの個々人だ。

こんにち私たちは、多くの点でプロテスタント倫理を転倒させている。ミルに同意しえた限度をはるかに超えたところまで、快楽優先が禁欲にとってかわり、欲求充足は先送りされるどころか、そくざに与えられるべきものとされている。天職としての職業という考えのうちで、残っているものはあるだろうか。大半の人びとにとっては、労働は神への忠誠といったなんら超越的な意図に奉仕するものではないと、こんにち私たちは断言してはばからない。もちろんこれは、プロテスタントの職業倫理にはじめからつきまとっていた問題だ。ほとんどの仕事にかんして、じっさいにおこなわれた労働と宗教的次元とのあいだにあるとされていた関係なるものは、仕事そのもののうちには認められえなかった。そこに関係のあることは、修道院で働く修道士には自明であったが、農場経営や大工仕事、あるいは工場勤務の宗教との関連性は、それほど簡単に見とおせるものではない。こんにち、自身の仕事が宗教的義務だと考えているひとなど皆無に等しい。とはいえ、こうした観念のある部分は、勤勉は当人の道徳的気質を示しているという考えがその典型であるように、いまなお残っている。

「天職としての労働」という観念の残滓《ざんし》は、こんにちあちらこちらで見かけられる「真の自己」探しのうちに認められる。私たちが転職する割合は年々高まっている。天職という観念は、近代の個人主義によって変質してしまった。私たちはもはや神に奉仕しているのではなく、自分自身に奉仕しており、「個人」としての自分にたいする私たちの一番の義務は、自己実現だ。だから、仕事も「自己実現」という一般的な項目にふくまれるものとなり、おおよそのところ、「ライフスタイル」の選択という問題になってしまっている。

こんにち私たちは、ふさわしい仕事探しに躍起になっており、仕事とそれに従事する人間とのあいだには、相性があるはずだと思っている。それはつまり、ある仕事が自分にあっているかそうでないかは、当人がどんな人間であるかに左右されるということだ。ある程度までは、これはすでにプラトンやアリストテレスが問題にしていたことだ。だが、それは近代個人主義の出現よりも二千年もまえの話であったため、この二人はかなり異なった観点からこの問題をあつかっていた。つまり、それをかけがえのない個人という枠のなかで考えるどころか、個々の人間がどのような階級ないし一般種に属しているかという観点で問題にしたのだ。こんにち私たちは、これとはちがって、自分の真の――つまり、自分をいわゆるかけがえのない自分に値する者としてくれるはずの――天職をもつ個人という観点でこの問題を考える。

　昨今では、私たちの一人ひとりが、特別な存在だと、もしくは少なくともそうなりうる存在だと想定されている。そんなわけで、ウィリアム・H・ホワイトの一九五六年の会社生活についての研究『組織人間』のころとは、事態はだいぶ様変わりした。この著作のなかである社長は、若い重役にこうアドヴァイスする。ひとは「私的には個人主義者で、公的には順応主義者」たるべきだ。[29] この見解はもはや支持されえない。なにしろこんにちでは、私たちは自分がアンチ順応主義者であり、公の考えに順応しない人間であることをアピールしなければならない。いまや個人主義がここまで浸透した結果、それ以上に大勢順応的なことなど想像もつかない始末だ。自分自身のかけがえのなさをどれほど強調しようとも、それによって「公の意に反する」ことは不可能だ。なにしろ、現代では、だれもがそうしている。このパラドクスはモンティ・パイソンの『ライフ・オブ・ブライアン』のなかで鮮やかに描きだされている。そこではブライアンは、バルコニー越しに群衆にこう叫ぶ。

ブライアン：きみたちはまちがっている！　ぼくにしたがう必要なんかないんだ。きみたちはだれにもしたがう必要はない。自分の頭で考えればいい。きみたちはみんなひとりの人間だ。
群集（声をそろえて）：そのとおり。私たちはひとりの人間だ。
ブライアン：きみたちは一人ひとりみんなちがう。
群集（声をそろえて）：そのとおり。私たちはみんなちがう。[30]

おそらく、この個人主義というイデオロギーのもっともぎょっとする表現は、「私は特別」という歌（フレール・ジャックの作品）だ。この歌は見たところはアメリカの子どもたちに向けて歌われている。

私は特別
私は特別
私を見て
そうすれば、とびきり特別なだれかのいることに
とびきり特別なだれかのいることに気づくはず
それが私

それが私

個人主義の出現によって、各人には自分にたいする新たな責任が、すなわち自分らしい自分になるという義務が課された。私たちはみなロマン主義者であり、だから自己実現という観念の頑迷な信者だ。そこではもはや、すでに与えられている自己など一顧だにされず、新たな自己の創出だけがめざされる。真の自己とは自前の自己のことだ。いまや労働は、この自前の自己を創出する過程における一ツールだ。

これを、天職という観念のロマン主義的変形と呼んでもよいだろう。ロマン主義者であることにまつわる問題とは、自分の目標とする究極的にして個人的な意味が完全に実現されることがけっしてない以上、本当に自分が満足を得ることはない、少なくとも永遠につづくような満足が得られることはないという点にある。意味を求める私たちのロマン主義的な欲望を労働が満たしそこねるなら、それは労働が天職としても失敗しているということであり、それどころか労働は、古代のギリシア人たちが理解していた意味でのある種の災厄のように思われてこよう。そうなると労働は、各人の個人的発達の過程に位置するものと思われてくる。そうなれば、新しい会社へ移り、それによっていっそうの満足が得られると夢想するか、会社で出世の階段を昇って新たな試練に直面するかしかなくなる。いずれにせよさしあたりは、そんなことを夢想しながら当面をしのいでゆくよりない。こうした機微は、ジョシュア・フェリスの小説

『私たち崖っぷち』のなかに巧みに描かれている。

このコーヒーカップには、ほとほとうんざりだ。マウス・パッドも、卓上時計も、日めくりカレンダーも、抽斗《ひきだし》の中身も。やる気を高めるためにパソコンのモニター画面に貼りつけてある恋人の写真でさえ、ここで働いた時間を思いおこさせるだけのうっとおしいものと化した。それが、新しいオフィスに、それももっと大きなオフィスに移って、その新しいオフィスに一切合財をもってゆけば、どれもがなぜかもういちど愛おしく見えてくる。それらをどこにおくかで智恵を絞って、その日の終わりには、それらすべてが新しい、しかるべく磨きあげられた大切な空間のなかで、どれほどすばらしく輝くことだろう。[31]

もちろん、この満足が永続的なものとなることはない。

第2章

仕事と意味

友人のオラフは、郵便局に勤めて学費を稼いでいる。彼の仕事は、郵便バッグを裏がえして、なかに取りだしわすれた手紙が残っていないかを確認することだ。ある日、いつものように郵便バッグを裏がえしていたとき、オラフは人間存在の徹底的な無意味さに襲われて、子どものようにむせび泣いてしまった。それでも信心深いプロテスタントであるオラフは、涙がほほをつたうのにもかかわらず、仕事の手を休めなかった。なにが問題であったかというと、自分のしている作業にいかなるゴールも見いだせなかったということだ。ひとつ郵便バッグを裏がえし終わったら、すぐにつぎのバッグが届けられる。見たところそこにはなんの進歩もなく、いつまでたっても同じことの繰りかえしだ。

オラフの労働状況は、見ようによってはシーシュポスの神話のそれとよく似ている。ギリシア神話では、シーシュポスは神からの罰で、タルタロスで巨大な岩を山頂まで運ばされる。あと少しで岩が山頂に達するところまでシーシュポスが岩を押しあげてゆくと、岩はその重みで底まで転がりおちてしまい、シーシュポスはまた一から同じ作業を繰りかえす。だが、また岩は転がりおちてゆく。アルベール・カミュは『シーシュポスの神話』のなかで、不毛な労働が永遠につづくのがもっとも残酷な罰であることをわきまえている点に、神々の賢さがあらわれているとと述べていた。「神々はシーシュポスを罰して、終わりなく岩を山頂まで運ばせたが、岩は山頂近くまで来るとその重みでふたたび転落してしまう。神々が、不毛で望みなき労働以上に残酷な罰はないと考えたのも、たしかにもっともなことだ[1]」。だが、カミュはこのエッセーの最後にこう書きつける。「私たちはシーシュポスが幸福なのだと考えねばならない[2]」。なぜそう考えなければならないのか。私にはどうにも理解しがたい。

なにかにたずさわっているときに、自分がなにをしているのかがある程度は分かっているのは重要なことだ。オラフのちょっとした憂鬱については、当人の想像力の欠如に起因する問題だというかたもおられるかもしれない。もし郵便バッグのなかに取りこぼした手紙があったなら、それによって人びとの暮らしがどれだけそこなわれるかを考えてみれば、おそらくその仕事はずっと耐えやすくなっていただろう。ある手紙は昔父親と絶縁した息子が関係を修復しようとしてしたためたものであったかもしれないし、また別の手紙は長いこと海外に駐留している兵士への恋文かもしれないし、さらには大学に通うことを夢想しつづけている者に送られた入学許可証かもしれない。オラフにはそうした想像をめぐらせてみることもできたはずだが、そんなことはまったく試みられなかった。オラフになしえたことといえば、つぎからつぎへとやってくる郵便バッグを見つめることだけだった。

イマニュエル・カントの言うところでは、人間は生活のために労働する必要を感じる唯一の生きものだ[3]。労働がなければ、私たちは退屈のあまり死にたくなってしまうだろう。なにしろ、仕事とは私たちの生活に実のある内容をもたらしてくれるものだ。カントによるなら、長い眼で見たばあい享楽にこの任を負わせることはできないし、自分の人生を享楽だけで満たすような人間はどんどんと「活力を失って」[4]ゆくだけだ。私たちの求めるものは、快楽ではなく行為だ。「もしあるひとがひとかどのことをなしたなら、なにもなしとげなかったばあい以上に、その仕事を終えたあとに満足を感じるだろう。なにしろこのひとは、仕事によってみずからの力をはたらかせたのだ」[5]。だが、カントは決定的な点を見すごしているようだ。すべての仕事が有意味なわけではない。大半の仕事は、どうしようもないくらいに退屈だ。

二〇〇五年におこなわれたアメリカのある研究報告によると、一万人の労働者の三分の一以上が、仕事にかんして自分がなにをしたらよいのかを見失っており、仕事から鼓舞されることがない[6]。この数は、ストレスから来る苦痛を訴える労働者についての大半の研究が伝える人数をはるかに上回っている。だから、こんにちの労働空間において退屈はストレスよりもはるかに大きな問題であるようだ。「ザ・シンプソンズ〔アメリカのテレビシリーズ〕」の主人公ホーマーは、できるだけ無為にすごすことで原子力発電所での日々をなんとか切りぬけようとしている。ホーマーにとって理想的な平日とは、仕事らしい仕事をなにもしない一日だ。だがじっさいのところ、私たちの多くがどれほど来る日も来る日もあるいは何年にもわたって、実質的になにもしないでいることに耐えられるだろうか。だが退屈は、実質的になにもすることのない日々においてだけ重荷となるわけではない。仕事量の膨大さに辟易《へきえき》してしまうこともある。退屈とはやることの量の多寡にではなく、自分のおこなうことにどうやったら意味を見いだせるかにかかわる問題だ。そうした意味をうまく見いだせないでいるとき、時間は恐るべき重圧となる。フェリスの『私たち崖っぷち』のなかで、語り手はこう書いている。

ほかの日よりも長く感じられる日もあって、まるまる二日分もあるように感じられた。運悪く、そんな日にかぎって週末ではない。土日は、平日の半分の長さで過ぎさる。一〇日もぶっつづけで働いてようやっと一日しか休みがないように感じられる週があるということだ。[7]

彼らは働いてはいるのだろうが、そんな風に働いていたら、仕事にふくまれているはずの意味を見いだすことなど、とてもできそうにない。

そんなわけで、カントが把握しようと努めていた実存的要求とは、労働それ自体への要求ではなく、むしろ意味への要求だ。仕事は有意義なばあいもあるが、その逆になることもある。有意義でありうるものだけがまったくの無意味なものと化しうるとさえ言えるかもしれない。意味への要求は人間にとって根本的な要求であり、仕事はそうした意味の第一次的源泉のひとつだ。他方で、意味を欠いた仕事は、ほとんど苦悶と同義だ。『死の家の記録』のなかで、ドストエフスキーは書いている。

ある考えが私に浮かんだ。どれほど凶悪な殺人者でも震えあがり、聞かされただけでたちどころにしりごみするような、なによりも恐ろしい刑罰をくわえて、ある男を完膚なきまでに打ちのめしてやりたいと思ったなら、その男を仕事に就かせればよい。ただし、まったくもって得るところも意味もないような仕事にだ。[8]

仕事のなかには、ほかの仕事に比べて有意義になる可能性をより多くふくんでいるものがあり、どのような条件のもとで働くかは、意味がもたらされるかどうかに重大な影響をもたらす。これこそが、マルクスがその疎外論で取りくもうとした問題だ。[9] ラテン語の「アリエナシオン（alienation）」ということばは、それ以前には他人や祖国、神にたいしてよそ者になってゆく現象を記述し、狂人となり財産を奪われてしまった状態をさししめすのに用いられていた。マルクスの疎外概念にはらまれる特殊な意味は、明確な定義を与えるのが難しく、もとのことばのもっていたさまざまな意味のすべてを、それればかりかさらに別の若干の意味をも包含しているように思われる。つまりそれは、簡潔な定義づけに抗う概念だ。疎外が影響をもたらしうるのは、しかるべき可能性をもつ存在者にたいしてだけだ。マルクスが見てとっているように、疎外とはこの可能性が適切に実現されていない状態のことだ。当然、問題はこの可能性なるものがどのようなものと想定されているかだ。マルクスがそれを、労働をつうじて実現されるはずのものとみなしていたことはあきらかだ。なにしろ、人間は労働するなかでみずからの本質を表出する。マルクスは「客体化」と「疎外」を区別したうえで、客体化への欲求をもつ存在者すなわち人間だけが疎外されうると論じる。労働をおこない、外界を変形させてゆくとき、人びとは自分自身を外的な財というかたちで客体化している。マルクスの言うところでは、これこそが人間的主観性の具現化にとっての要《かなめ》だ。私たちは外部になにかを創造するが、そうして創造されたものは同時に私たち自身の主観性の具象化ともなっている。労働において人間存在は外界に新たな輪郭を与え、そうすることでみずからを外的に顕現せしめる。こうして人間は、みずからが創造した世界のうちに自身の姿を認識する。疎外された労働においては、これがうまく果たされない。疎外とは、いわば資本主義の力によって道からはずれてしまった客体化だ。マルクスが資本主義を批判するのは、資本主義の世界下では労働者が労働者のままで「わが家に」くつろいでいるような状況にいることが不可能になってしまうからだ。疎外状態におかれると、労働はある意味で労働者にとってよそよそしい存在となり、みずからの人間としての尊厳にそぐわないものと化す。ここでマルクスの疎外理論のあらゆる側面を論じることなどできるわけもない。そこで以下では、マルクス自身が疎外のひとつの本質的な特徴とみなした分業に話をかぎることにしよう。マルクスの一般的なアイディアは、分業が創造過程の断片化を招き、作業はどこまでも細分化され、その結果ついには労働自体が無意味になるというものだ。

じつはプラトンも分業の原理を論じていたが、プラトンにとってそれは、おのおのの労働者がその生得的な資質にしたがって、特定の技能を要する作業に従事することを意味していた。現代の工場システムでは、こうした原理は完全に新たな水準に到達しており、もはや分業は手作業にかんしてではなく、特殊な課題にかんして遂行されている。現代の労働を歴史の以前の段階における労働の姿から区別する特徴をひとつ挙げろと言われたら、おそらくそれは、分業の原理がこのようにますます作業の根幹にかかわるところで実施されるようになった点であろう。哲学者にして経済学者であったアダム・スミスは、こうした変化から生じる帰結を把握したおそらく最初の人物だ。興味深いことには、スミスの分業理論はプラトンのそれとは真逆だ。スミスは厳格な平等主義者だが、プラトンはそうではなかった。スミスの考えでは、分業から人びとのあいだの差異が創造される。それは人びとの生得的な資質の差から帰結するものではない。だから、こうした分業は、すでにできあがったかたちで与えられ、だれにとってもその本性と合致したありかたをしているものではなく、絶えず進歩しており、その結果伝統社会と現代社会とでは分業自体のありかたが異なってゆく。この点では、あきらかにスミスのほうが正しかった。伝統社会ではたいがい、せいぜい二〇から三〇種程度の職業があるだけだったが、現代社会では数千にのぼる、それどころか多分三万程度もの職業がある。

当初スミスによる分業の提示は、肯定的なものに思われた。なにしろ、生産性向上のためには、分業こそがつねにもっとも重要な要因でありつづけるという点こそ、スミスの強調してやまないことだ。『国富論』の第一部でスミスはピン製造工場での労働をこう描写している。

一人目が針金を引きのばし、二人目がそれをまっすぐにし、三人目がそれを切断し、四人目が先端を尖らせ、五人目がその先端を磨いて頭部を据える。頭部をつくるのにも、二、三の異なる作業が必要となる。頭部をとりつけるのもひとつの仕事だし、ピンを白く光らせるのも別の仕事だ。ピンを紙で包むのもまた別の仕事だ。こんな風に、一本のピンをつくりあげるという重要な仕事は約一八の異なる作業からできあがっている。いくつかの工場では、これらの作業がすべて異なった人間の手でいとなまれている。ひとりの人間がこのうちの二、三の工程をこなしている工場もある。[10]

スミスはさらにつづけて、こうした分業によって一日にひとりあたりが製造可能なピンの本数が、もし個々の労働者がめいめいで一本のピンを丸ごとつくるときに製造できる本数と比べたばあいに、どれほど膨大な数に達するかをあきらかにしている。ひとりが独力でピンを丸ごと一本つくるということ自体が不可能であることも言うまでもないだろう。逆に、おそらく私たちのなかには、こんなピン製造工場で働くくらいなら、頭に銃弾を撃ちこむほうがましだと思うひとも少なくないかもしれない。そんな作業は、端的に言って人間にふさわしい労働とは思われない。そのことは、スミス自身もあきらかに認めていた。

分業の発達とともに、労働で生計を立てている人びとの大多数、すなわち大半の国民の勤め先は、ごくわずかな、たいていのばあいはひとつか二つの単純作業に限定されてしまう。しかるに、大半の人間の理解力が、普段どのような職に就いているかに応じて形成されるのは避けがたい。全生涯を若干の単純作業に、しかもおそらくその結果もまたつねに変わりばえのしない、もしくはほとんど似たような結果にしかならない作業の遂行に費やすひとが、難題を克服するためのやりくりを見いだすべく自分の理解力をはたらかせたり、創意工夫を発揮したりする機会に恵まれることはまずない。なにしろ、そんな難題はまず起こることがない。結果として、この人間からは知性のそうした発揮の習慣がすっかり奪われ、概して神の被造物たる人間としてなしうるかぎり愚かで無知な存在になりさがってしまう。その精神は麻痺して、理知的な会話に興じたり、それどころか参加することさえできなくなり、なんであれ寛大で高貴な、ないし温和な感情をいだくこともなくなり、その結果私生活のうえでの日常的義務にかかわる多くの問題にかんしてさえ、まともな判断を下せなくなってしまう。(中略)自分自身の特定の職業における手際のよさというものは、みずからの知的で社会的、かつ勇敢な徳を犠牲とすることで獲得されるものだと思われる。しかるに、どのように改良され文明化された社会でも、これこそが、政府によってなんらかの対策が施されないかぎりは、労働貧民すなわち国民の大多数が必然的に陥らざるをえない状況だ。[11]

この一節からもあきらかなように、スミスはマルクスよりも一世紀はまえに、工場システムが疎外に似た帰結をもたらすことに気づいていた。『国富論』からの二つの引用文のあいだの差異は見まがうべくもない。最初の引用文は楽観的な観点から、生産性に、ということはひいては人類に多大な貢献をなすものと分業を位置づけているように読める。それにたいして二つ目の引用文は、極端なまでに陰鬱で悲観的な調子で、生産性を増すプロセスそのものが同時にいかに労働者の道徳的ならびに知的な性格を蝕《むしば》むことで、人間としての労働者を結果的にボロボロにしてしまうかを描写している。その意味では、『国富論』は悲劇として読むことも可能だ。

貧者への福祉こそがスミスの最大の関心事であった。スミスの表現を借りるなら、「どんな社会も、その成員の大多数が貧しく悲惨な状況にあるかぎりは、断じて繁栄することも幸福なものとなることもありえない[12]」。スミスは、賃金は可能なかぎり高くあるべきだとも主張していた。その理由は、ひとつにはそれが労働者への恩恵になるからであり、ひとつにはその結果として経済成長が生じるからだ。スミスは既存の救貧法を批判するが、その理由は、この法律のおかげで貧しい人びとから好きなところで生活する自由が奪われ、その結果としてみずからの労働力を望む相手に売る自由も奪われていたからだ。つまり、救貧法はどう見ても貧しい者たちへの恩恵とはなっていなかった。スミスはさらに、国家は貧しい人びとの教育費用を負担して、彼らが置かれている労働条件がもたらす悪影響を緩和し、自分たちの声をもっと公の討論の場で聞いてもらえるようにしてやるべきだとも主張した。このようにスミスが貧しい人びとにとってのよき友であったとしたら、どうしてそのスミスが、ピン製造工場の例で描きだしたような労働条件を擁護しえたのだろうか。簡潔に答えるなら、それは、長期的に見るならあのような分業が貧しい人びとにたいしてもっともよい結果をもたらすものとスミスが信じていたからだ。それにたいして、マルクスが内心思いえがいていたのは、はるかに抜本的なアプローチであった。スミスがいわば消極的な現実主義に甘んじて、労働者の置かれている状況が少しずつ改善されてゆくことを期待していたのにたいして、マルクスが望んだのはずっと過激なこと、すなわち共産主義社会という理想の実現であった。この社会は、成員のだれもが自分の望むときに望むことを自由に選べるという点に特徴をもつ。マルクスが『ドイツ・イデオロギー』で述べているところによるなら、

共産主義社会では、だれも排他的な活動領域を有してはいないものの、どのような活動の方向へ向けても自分を発展させられるわけだが、それというのも、そのような社会では生産全般が統制されているため、私は、きょうはこれをおこない、明日はあれをおこなう、たとえば午前中は狩りをし午後には釣りをするといった自由を、さらには望むがまま

に夕方に牛の世話をし、食事の後は批評する自由を享受でき、しかもそうするために猟師や漁師、牛飼いあるいは批評家になる必要すらないからだ[13]。

つまり、きみという人間は決まった種類の労働者である以前にひとりの人間だが、それでもなお労働をおこなう。すると、その労働はきみ自身がなにものであるかの直接的な表現として、きみに測りしれない満足を与える。マルクスが労働条件を重視したのは、それこそが人間を自分自身のあるべき姿へと「立ちかえらせる」ものだからだ。そこにあったのは、人間の可能性が残りなく実現されることになるはずの世界という観念だ。どんな種類の仕事が自分をそのような世界の一員たらしめてくれると、きみは考えるだろうか。引用文で挙げられている仕事のどれひとつとして、工場内でいとなまれるものでないのは些細なことではない。マルクスの労働概念は時代遅れのものだと主張することさえ可能なほどだ。なにしろ、マルクスがその労働概念の典型例とみなしたのは、産業に従事する労働者ではなく中世の職人であった。もしマルクスの労働概念を現実にそくしたものにしなければならないとしたら、すべての工場を閉鎖するよりほかない。なにしろ、工場内の労働者たちは完成品を製造しているわけではなく、あとになってひとつにまとめられる無数の部品をつくっているにすぎない。工場内での労働のありかたとマルクスの疎外概念とを並べてみたなら、疎外されることのない工場内労働などはなからありえないだろう。

疎外されることのない労働者がいるとしたら、その人間は自由な存在だろう。マルクスの考えでは、自由の本領は、個人としての私たちによってではなく、私たちの人間的本質と称されるものの観点から定義されるべき特定の理想を現実のものとする点にある。真の自由を実現するとは、「類的本質〔個人ではなく、人類としてみたばあいの人間に共通にそなわるはずの性質のこと〕」の実現を可能とする集合的過程の一員となることだ。マルクスがリベラルな伝統につきものの「ブルジョワ的自由」を侮蔑してやまなかった理由はここにあったわけだし、マルクスが個人の自由を犠牲にすることも辞さなかったのは、当時の状況からすればやむをえない面もあった。人類全体を救済しようと望むなら、個人の自由の犠牲などささやかな代価でしかない。

初期の草稿を見ると、そこではマルクスは依然として自由を労働のなかで実現されるべきものとみなしており、自由を余暇のうちにしか見ていないという理由でアダム・スミスを批判している。だが、後年マルクスは考えを変えたようだ。『資本論』第三巻でマルクスは、はっきりと労働を「必要性の領域」[14]のうちに置きいれ〔る、つまり労働は人間にとって必要なもののひとつをなしていると考え〕ており、その結果余暇は「自由の領域」となる。マルクスの議論の趣旨は要するに、欲求にもとづく労働、つまり必要からなされる労働はすべて自由とは言えず、現にあらゆる労働は欲求にもとづいている。それゆえ、自由の領域に属していると言いうる労働など皆無だということだ。自由はどこか別のところに探すよりない。生産性が向上すればもともとの欲求を満たすのに必要な労働量が減るということはマルクスも認識していたが、それと同時に文明化の過程が進めばそれとともに人間の欲求も大きくなるということもマルクスには分かっていた。だから、生産性がどれほど向上しようとも、その分は欲求の増大分によって相殺されてしまう。マルクスが提起する現実的な解決法は、人間は労働しつづけるよりほかない以上、必要性の領域に囚われたままでいるほかないが、そのなかで私たちになしうるのは労働量を削減し、それによって労働を少しでも「人間的な」ものにすべく粛々《しゅくしゅく》と努めるしかないというものだ。これに比べれば実効性があるとはとても言えない解決法が、共産主義革命であることは言うまでもない。マルクスは革命に多大な希望を寄せていた。だから資本主義社会での労働条件の改善へ向けてのいかなる努力にも懐疑的であった。なにしろ、そのような改良の試みは根本的な刷新の必要性、すなわち資本主義それ自体の抹消という大事から眼をそらさせかねない。資本主義の核心は労働者からの搾取によってなりたつ点にあると言われるが、そうであるなら資本主義にその路線をとことん歩ませ、それをできるかぎり我慢できないものたらしめるのがもっとも得策であることになろう。なにしろ、おそらくその結果は革命に行きつくだろうからだ。

若きマルクスが、自由の領域を真正なつまり疎外されていない労働のがわに置いたのにたいして、後期マルクスが自由の領域をすっかり余暇のうちに移してしまったというのは、興味深い点だ。してみると、後期マルクスは若きマルクスがスミスにたいして向けていた、人間生活を非生産的自由（余暇）と生産的奴隷状態（労働）とからなるものとみなすという批判の矛先の立場に、最後にはみずから身を置いたわけだ。『資本論』第三巻を書いたときになって、ようやくマルクスは共産主義社会においてさえ、疎外が労働に避けがたく付きまとう側面であることに気づいたと言うこともできる。共産主義社会でさえ、「自由の領域」は余暇以外のどこにも見いだされえず、それにたいして労働は必然的に「必要性の領域」にありつづけるよりほかない。マルクスはこの問いをじかに提起してはいなかったが、疎外と無縁な労働という観念をも同時に放棄していたようだ。共産圏の労働者の置かれている諸状況を考察すれば、そこでの労働が資本主義諸国における労働の現状に比べて「疎外」の度合いが低いと信じるいかなる根拠も見いだされない。

マルクスの信念には逆らうことになるが、共産主義よりも資本主義下におけるほうが労働者は「必要性の領域」から「自由の領域」へ移行できているとさえ言いたくなる。疎外と無縁な労働という理想が完全に実現されるとまでは言わないにしても、少なくとも資本主義的・消費中心的・後期モダン社会においては、それはひとつの可能性にはなりえているということだろうか。こんにちでは仕事は、かつて以上に多くの人びとにとっていっそうの本質的な満足を与えてくれるものとなっていると主張するのは正しくないのだろうか。むしろ私たちが、自分がなにものであるかを知るための媒介となっている、つまり私たちのアイデンティティの核となっているものこそが、ある種の労働ではないだろうか。現実の事態はこうした見かたを支持しているように思われる。だが、あまり先走るのは止めよう。

私たちはしばしば、こんにち労働がいっそうの充実感を与えてくれるのは、自分の才能を発揮する機会というよりもいっそうの自由が、私たちに与えられているからだと主張されているのを眼にもするし、耳にもする。つまり、こんにち労働は、かつてアリストテレスが余暇として描いたものにとってかわるものとなっているようだ。だが、それは本当だろうか。そのような労働もあれば、そうではない労働もある。しばしば「マックジョブ」〔一般にファストフード店に特徴的な、マニュアルに縛られた単調で創造性のない仕事の総称〕として引きあいに出される仕事――典型的には、ハンバーガーショップでハンバーガーをひっくりかえす仕事――に就いている人びとが、旧弊な産業経済における典型的な労働者たち以上に、自身の資質を伸ばして、仕事に意味を見いだすためのまたとない機会を与えられているとみなされることはまずない。あきらかに、仕事から与えられるはずの本質的な満足の量は、すべての仕事に平等に分配されているわけではない。事務所につめて、ひがな一日データ処理に追われる人びとはどうだろうか。テレビドラマ『ジ・オフィス』は、そうした労働がどれほど心を萎《な》えさせる退屈や失望となりうるかを完膚なきまでに描きだしている。コールセンターで働くことや、つぎつぎと来る連絡に追われること、さらには電話での売りこみをつづけることは、まさにヘンリー・フォードの工場の流れ作業の現代版だ。

　こんにちの労働についてのもっとも楽天的な見解によるなら、あたかもすべての労働者が、アメリカの都市研究理論家リチャード・フロリダによって「クリエイティヴ・クラス（創造的階級）」と呼ばれたものの成員であるかのようだ。この階級は、「有意義な新しい形態[15]」の創造をこととする労働にたずさわる人びとからなる。こう言っただけでは、とうてい明晰に定義された階級とは言いがたいが、フロリダの見るところ、アメリカの現在の労働者のほぼ三〇パーセントがこの階級に属している。それればかりか、さらにフロリダの言うところでは、創造的階級の成員はみな、「創造性に個性、差異と経済的価値を重視するという共通のエートス」[16]によってたがいに結ばれている。そうした「エートス」をいだくことが、こんにちの労働者の包括的な特徴となっているとはとても考えにくい。むしろ私としては、それが主流となりうるのは、そもそもそうしたものを手にいれることが可能なかぎりでのことだと言いたい。私は「創造的階級」についてのフロリダの理論にたいして、かなり懐疑的な立場に立っているが、この理論にはやはりそれなりの重要性はある。この階級の特徴とされていることがらは、労働を天職とみなす観念のロマン主義的な変形にかんして前章の最後で述べたのとまさに同じものだと言えよう。私見では、フロリダのおこなったのは、創造的階級に対応する職業を特定することではなく、こんにち労働がどうあるべきかについての広く受けいれられている心情ないし規範を特定することであった。「創造的階級」に属する人びととは、こんにちの「模範的労働者」にほかならない。この人びとは、一年三六五日年中無休の自己実現というロマン主義的な観念を具現しており、そうした自己実現なるものが人生における意味そのものだと仮定している。

そこで、避けがたくなる問いはつぎのようなものだ。すなわち、こうした人びとはじっさいに自己実現と有意義な仕事とを手にいれているのだろうか。どうすれば私たちは、この理想をポストモダンと呼ばれる現在の労働の実情に対応させられるのだろうか。そこでしばしばもちだされるキャッチフレーズが、フレキシビリティだ。いまや労働にたいしてフレキシビリティを発揮できるようになった人びとは、それによって自身の生活をいっそうコントロールできるようになるとされる。なにしろ、そうした人びとには、与えられている課題をいつどのように遂行するかを決断するにあたって、いっそうの自由が与えられている。だが、社会学者リチャード・セネットに言わせれば、事態はその逆であり、自己コントロールの機会が労働者からとりあげられているように見えるとすればそれは、フレキシビリティが顕彰《けんしょう》されることによって逆に人びとの労働生活がますます見とおしのきかないものと化しているからだ。勤務地と勤務時間が不定になれば、仕事が与えてくれるアイデンティティも不安定になる。セネットの言うところでは、「新資本主義の時間的条件は、人間性と経験のあいだに葛藤を生みだした。分断された時間の経験が、人びとにそなわる、自分の性格を一貫した物語へと紡ぎあげる力を脅かしている」[17]。セネットの主張には納得できるところがある。私の父は、その全キャリアをつうじてひとつか二つの、せいぜい三つの組織で働くのをつねとしていた労働者世代に属している。この人びとが、職場に新しいテクノロジーが導入されたのにともなって、みずからの技能を磨かねばならなくなったのはそのとおりであったにしても――私の父のばあい、おそらくもっともてこずったのは、そのキャリアの終盤でコンピュータの使いかたを学ばねばならなくなったことだったろう――、全体としてみるなら、土台となる一般的技能はそのキャリアをつうじて同じままだった。こんにち私たちは、労働にかんしては放浪者になりつつある。絶えず移動しながら、ある仕事から別の仕事へと渡りあるく。移動してゆくなかで私たちは、新たな技能を獲得することを期待し、古くなった技能は捨ててゆく。全キャリアをつうじて絶えず磨かれつづける一連の基礎となる技能を学んでゆくという観念は、新たな経済活動のなかでは時代遅れになるように思われる。こんにち労働力に数えいれられる人びと、とりわけ高い教育を受けた人びとは、引退するまでになんどもみずからの基礎技能をそっくりとりかえてゆけるものと期待してかまわない。そうした人びとは平均して、ある組織内でほんの数年勤務しただけで、別の組織へ移ってゆき、仕事を変えるたびに新たな技能を獲得してゆく。新しいことを学ぶのが心躍る出来事なのはもちろんだが、あるエリアから別のエリアへの移動をいつまでも繰りかえしつづけるとしたら、なにかひとつのことに真に熟達する機会は永遠に奪われたままだ。そうやって得られる技能には、ほとんど深みがない。

「一生の」仕事と「短期の」仕事との差異はどんどん曖昧になりつつあると言うひともいるかもしれない。たしかに、この二つのあいだには仕事上の保障という観点からするなら決定的なちがいがあるが、じっさいに人びとがなにを、どれくらいのあいだしているかを観察してみるなら、「一生の」仕事がどんどん「短期の」仕事になってゆき、またその逆も見られる。短期の仕事の斡旋《あっせん》業はすでに一八六〇年代に存在していたが、それが主要産業となったのはようやく第二次世界大戦後のことで、急激に成長したのは、ここ三〇年の話だ。西洋世界でもっとも急速に増大した労働者集団は、短期の仕事の斡旋業者に雇われた人びとであり、アメリカ最大の民間雇用主はそうした斡旋業のひとつであるマンパワー社だ。短期の仕事に就いている人びとは往々にして、最初こそ仕事にたいして高い満足度を示すものの、ときとともに、つまり彼らが「永遠に臨時雇い」のままであるようになると、その満足度は下降傾向を示す。私の友人に、ノルウェー最大の新聞社と短期契約を結んで、四年以上ものあいだそこに勤務した女性がいる。当初彼女はとてもハッピーだった。なにしろ、大新聞社のジャーナリストになることこそが彼女の夢だったのだ。だが数か月が数年となり、依然として安定した職が得られることもなければ、別の契約を結べるようになるのかどうかもわからず、休暇の計画を立てるのも難しくなってゆき、新聞社の経費次第でころころ変わる契約条件に悩まされながら、彼女の契約もずるずると延長されていった。ある日彼女はもう十分だと決意し、つぎの短期契約にサインするのを拒否した。これはつまり、彼女が新聞社を離れねばならなくなったということだ。彼女の言うところでは、「新聞社を辞めたとき、何年も虐待されてきたボーイフレンドと手を切ったように感じたわ。幸い、そんなボーイフレンドにじっさいにつきまとわれたことはなかったけどね。もし辞めちゃったら、なぜあんなにも長いこと辞めないでいられたのかが分からないままになるとは言われたわ」。臨時雇いでいるかぎり、正社員になったときに得られるのと同等の「帰属意識」を自分の職にたいしてつちかってゆくことなどできるはずもない。臨時雇いの状態が、当てにできる意味の源泉になることもまずないだろう。それだけではない。臨時雇いでいるかぎり、新しい仕事に就くたびにちがう作業内容を覚えさせられる破目になることは避けがたい以上、なにかひとつのことを本当にマスターするための機会を得ることはまずないと言わざるをえない。短期の仕事と職人技とが両立することはありえない。

以前に見たように、マルクスは職人技を範例として、疎外されることのない——つまり、有意義な——労働というみずからの観念を構築した。なぜ分業によって労働から有意義性が奪われてしまうのか、その理由のひとつは、分業では職人技に潜在している可能性自体が正当に評価されないということだ。ピン工場にかんするスミスの例を引くなら、ワイアを引きだしたり、伸ばしたり切断したりするやりかたにかんしてどれほどの技能を発展させられるというのか。その仕事をより理解する者はいるだろうし、ずっと効率的におこなえる者だって当然いるだろうが、そんなことは真の職人技の習得からは程遠い。そこに創造性を発揮する余地がどれくらいあるというのか。あったとしても、とるにたらない程度でしかない。ワイアを巧みにあつかうことが、どれほどの自己表現になりうるというのか。答えはいずれのばあいも同じだろう。

私が専門技能を目の当たりにした最初の経験は、清掃助手として勤務しだしたときのことであった。こう言うと、清掃業などたいした専門技能とは言えない、ふつう専門技能とは大工仕事のような活動を指すものだと反論されるかもしれない。だが信じてもらうしかないが、清掃業はまぎれもない専門技能なのだ。私は清掃助手として八年ほど勤務したが、そのうちの五年間は、イードゥンにあったケチャップやマスタード、マヨネーズにサラダドレッシングなどを製造する工場に勤めていた。操業の終了する時間になると、ただちに私たちは清掃にとりかかったが、そのときはその夜がどれくらいつづくことになるのかまったく分からなかった。ときには二時間ほどで終わって、夜の大半がオフになることもあれば、零時すぎまで働かねばならなくなるときもあった。仕事はハードだったが、給料は悪くなく、いっしょに働いた同僚にはおもしろいやつが少なくなかった。

おそらく大半の人びとは、こうした私たちの仕事を「たいした専門技能を必要としないもの」とみなすだろうが、それには同意しかねる。最初にあの仕事をはじめたとき、私の担当は床の清掃と大きな鉄製コンテナーの洗浄だった。そのつぎに機械類の清掃に移ったが、最初は比較的小型で単純な機械を担当し、しだいにどんどん巨大で複雑な機械の清掃へと移っていった。機械を分解して、あらゆる部品を清掃して油をさし、また部品を組みたてるまでが一連の作業だ。大型の機械を構成する部品の数ときたら、しりごみしたくなるほどだ。工場にあるすべての機械を分解し、あらためて組みたてる方法を熟知するようになるまで、少なくとも二年は要した。清掃用の洗剤にも、ごく普通の石鹸から適切な保護服を着用しないと皮膚を傷めてしまうものまで、驚くほどの種類があった。そのうえさらに、水温の問題もあった。たとえば卵を洗いながらすばあいに、あまり高温のお湯を用いてはならないのだが、そうしないとなかのたんぱく質が固まって、かえってますますくっついてしまうからだ。洗剤にはほかのものと混ぜてよいものもあれば、混ぜられない――つまり、混ぜてはいけない――ものもあった。混ぜると容器が爆発しかねず、洗剤にふくまれている化学物質のなかにはきわめて有毒なものもあるわけだから、危険極まりない。そうした現場で働くには、応用化学の集中講座を受講しておく必要があった。新しいバイトがやってくると、だれもが私がとおったのと同じ学習過程をたどる。つまり、まずは比較的単純な作業からはじめて、マンツーマンで指導され、正しいやりかたを一つひとつ教えてもらう。さまざまな仕事がちゃんとわかっていることをアピールできるようになるにつれて、それだけ自立して仕事に取りくませてもらえるようになってゆく。

　私たちのおこなっていた仕事を振りかえってみるなら、それを「たいした専門技能を要しないもの」などと描写するわけにはゆかない。この仕事をきちんとマスターするまでには、そこそこの年数が必要だった。これ以降私はなんどとなく専門技能が必要とされる仕事に就いたが、それらのほうがマスターするのはずっと簡単だった。作業環境には競争意識がみなぎっていたことも記しておきたい。迅速に仕事をこなし、しかも仕上がりが完璧だったときには相当な満足が生まれた。現場監督がその日の終わりに私たちの仕事ぶりを点検するさいに、だれかがなにかをしのこしていたり、要求水準に達しないことをしでかしていたばあいには、全員がいつでも申しわけなさを覚えたものだ。そこにはあきらかに、職人的技能についての、もしくはそうしたものを正しく遂行することについての共通の認識が存在した。

　二、三年清掃業にたずさわったのち、私は地方新聞社でフリーランスのスポーツライターの仕事を得た。その仕事を受けることにしたのは私自身だが、いま考えるとまずい選択だった。

なにしろ、スポーツライターとしては自分が三流以下であることがすぐに露呈したのだ。もともと私は、テニスと格闘技を別にすれば、スポーツにたいして関心をもっていなかった。サッカーについての私の記事に、スポーツへの熱意が欠如していることは隠しようがなかった。清掃助手としての腕は良かったが、スポーツライターとしては使いものにならないことを自覚した私は、新聞社を辞めて清掃業にもどることにした。清掃業にたずさわっているときには、自分がやりがいのある仕事をしており、しかもそれをうまくこなせているという確信がどんどん深まっていったことは言うまでもない。仕事をきちんとこなせるということは、それだけである種の満足感をもたらしてくれる。

専門技能を修得するときにはいつでも、私たちはある意味でそれと関連する技術を身につけているすべての人びとからなるひとつの共同体に導きいれられる。つまり、ひとつの業種のうちに身を置くことになるわけだが、その業種は私たちがしたがわねばならないもろもろの規範によって統べられている。最初、はじめて基礎をマスターした程度の段階では、自分なりの創造性を発揮する余地などまずない。それに専門技能を学ぶには、まずなにをしなければならないかを教えてもらうよりほかない。そしてそれをみずからやってみることで学んでゆくしかない。これは、大工仕事であろうと清掃業であろうと、さらには学問を学ぶばあいであろうと変わらない。専門技能を学ぶとは、さまざまな習慣を身につけてゆくことだ。ひとつの習慣を身につけるとは、世界についての一定の理解を獲得することにほかならないが、それというのもそれがつまりは世界にかかわるやりかたにほかならないからだ。

専門技能を修得するにあたって肝心なことは、複雑なことがらをいともたやすくきちんとできるようになるには相応の時間がかかるものであり、そのこと自体が尽きることのない喜びの源泉になるということだ。この点で専門技能というものは、たとえばテニスのようなスポーツをすることと大差ない。なぜテニスをするのが、これほどまでに愉しみとなりうるかといえば、それは習得するのがとりわけ技術的な面において難しいからであり、そうした困難を克服してボールを自在に打ちこめるようになったときには、このテニスという活動にたいする言いようのない喜びがわいてくるものだからだ。それればかりか、すべてが「うまく行っている」日だってときにはある。すなわち、事実上いっさいをそんな風に容易にこなせるときには、あたかもなにものにも邪魔されることなく世界中のどこへでも行けるような気がしてくる。私たちと世界のあいだには一分の隙間もなく、それどころか根源的な一体感が生じている。こうしたことは、スポーツをしているときなどにしばしば生じるが、仕事をしているときでも見られなくはない。仕事にすっかり没入しているとき、自分がここにいるという明確な意識が失われ、おこなっている活動そのものと一体になってしまっていることがある。時間と自己の感覚がいずれも失われてゆくにつれて、あらゆることのつじつまがあい、私たちは「フロー」体験をする。こんにちフロー体験の第一人者と言ってよい心理学者ミハイ・チクセントミハイ[18]は、この体験は当人にとっての最適状態を示しているものだとみなしている。そのときあたかも私たちは、自分のおこなっていることと完全に一体化して、いわばその作業が自動的に進行しているかのように感じる。といっても、その活動が別のどこかへとつうじてゆくわけではない。それは純然たる至福の状態だ。そうした「状態に」嵌《は》まりこんでいるとき、私たちは最高の気分で、いわば完全にその活動自体に没入している。作業がこのうえなくうまくいっているときには、時間の経過などまったく気にならない。すっかり現在のうちに没入しているのだ。作業の進み具合が最悪のとき、時間はこのうえない重荷となる。なんども時計を見ては、少しでも早く時間がすぎるようにと祈る。だがじっさいには、むしろどんどんゆっくりになってゆくように感じられる。こうした状態のばあいも、私たちは現在のうちにいはするのだが、これは現在としては最低の部類に属する。「いま」には、まったく異なった二つの形式があり、それは二つの異なった時間経験だ。前者では時間は矢のように飛びさり、後者ではのろのろ進む。

自分の仕事に意義が見いだされる場面のひとつとして、ある活動に従事しているさいにその活動それ自体を愉しむという状態が挙げられる。この種の意義は通常すぐさま失われてしまう。もっと広がりをもっていて、いっそう実存にかかわる問いもある。それは、自分のしていることの総体的な核心にかかわる問いであり、つまりはその仕事によってじっさいに自分がゆたかで意義に満ちていると心底思える生活を送っているかということだ。この問いが、仕事そのものよりもはるかに広大なものであることはあきらかだ。なにしろ、その問いは私たち自身の生活の全体にかかわる。そうした意味で、仕事が私たちの生活にとって決定的な要点をなしている以上、そこには自分の仕事が、意義に満ちている生活を送ろうとして私たちが生涯かけておこなう取りくみにフィットしているのかという問いも浮上してくる。人生にはある種の目標が不可欠であり、仕事はそうした目標の一部だ。バートランド・ラッセルの言うように、「首尾一貫した目的があるだけでは人生を幸福にするのに十分とは言えないが、それが幸福な人生にとってのほとんど不可欠の条件であることもたしかだ。そして首尾一貫した目的は、主として仕事において具現化される」[19]。そこで、さきの問いはこうなる。私たちが探しもとめているのは、つまるところどのような首尾一貫した目的なのだろうか。

たとえば家族を養い、わが子によい教育を受けさせることだけを目的として給料を得るというのはどうだろうか。これは、たしかに有意義な活動であり、首尾一貫した目的とはなろうが、このばあいの意義は賃金というかたちをとる点で当の仕事にたいして外在的であり、とうてい内在的意義とは言えない。このばあいの仕事自体にはなんの目的もなく、たんに手段としての価値しか認められないとさえ言えよう。一定の賃金を得るだけのためなら、どの仕事についても変わりはない。自身の仕事を真に有意義なものとして経験することを望むのであれば、仕事それ自体のうちに、たんに給料を得るといったことに尽きない、なんらかの内在的な意味がなければならない。

私たちが求めるのは、ほかの人たちとはちがった生活を送ることだ。当然そこには労働生活もふくまれる。大半の人びとにとって、自分がなんらかの意味でほかの人びとの生活にも積極的な貢献をしているという思いをいだけない仕事をやりつづけるのは、かなり難しいことだ。哲学者ハンナ・アレントはかつて、私たちは仕事によって死すべきものとしての人間たらしめられる、すなわち絶えず流れさってゆくが、永続性と耐久性という尺度をそなえた有限の時間を生きる存在たらしめられることもあると論じていた。[20] 働くなかで、私たちは世界に爪あとを残してゆく。それは、運がよければ、私たち自身よりも長く残るものであり、私たちが生きたという事実を証言するものとなる。もしアレントが正しいなら、仕事にたいする私たちの見方は、最終的に現世での生を超えて伸びひろがってゆくことになる。どうやら私たちには、世界に爪あとを残して自分にはほかの人たちとちがうところがあることを示したいという欲求があるようだ。

これはともするとばかげた要求のように思われるかもしれない。自分の仕事のうちに、未来永劫記憶されてゆくような、それどころかごくごく短い期間でさえ残ってゆくようななにかを残しておこうなどという幻想をいだく者など、まずいないだろう。だが、アレントの述べていることがまったくの的外れだとは私には思えない。なぜそう思うかを理解してもらうために、ロバート・ノージックが『アナーキー・国家・ユートピア』のなかで経験機械についておこなった、よく知られた議論をざっと見てみたい。

お望みのどんな経験でもあなたに提供してくれる経験機械があるとしよう。大変有能な神経心理学者たちであれば、あなたの大脳に刺激を与えて、すばらしい小説を執筆している、もしくは友人をつくっている、さらにはおもしろくて止められない書物を読んでいるかのように、あなたが考えたり感じたりしているようにもできるだろう。じつはそのあいだじゅう、あなたは大脳に電極を挿しこまれたまま、水槽のなかに浮かんでいる。あなたがこれから人生でするはずの経験をすべてまえもってプログラミングしてあるこの機械に、生涯つながれたままでいるのがよいだろうか。[21]

これはなかなかおもしろい設問だ。仕事という文脈に置いてみるなら、いわばあなたはこのうえないほど輝かしい——だが、虚構の——キャリアを積むことになる。最初の博士号を一五歳で取得し、二〇歳で初のノーベル賞を受賞する。自分の会社を立ちあげ、二、三年のうちにマイクロソフトよりも売りあげるようになる。あなたの発明は人類にとてつもない恩恵をもたらし、それによって地球温暖化と飢餓にかかわるいっさいの問題が解消される。要するに、あなたはそのキャリアによって、やすやすとこれまでに実在しただれよりも偉大で重要な人物となるのだ。かりにあなたが、経験機械でここまでのできごとの生じないキャリアを選好せざるをえなくなったとしたら、今度はあなたには自分に果たしうる義務を回避する者になるという選択肢がつきまとう。そして、自分の人生のこのほかのあらゆる局面を同じくらいにハッピーなものとするために必要となるいかなるディテールをも、あなたは実現できる。言うまでもないことだが、このばあいのただひとつの難点は、こうしたいっさいがあくまで虚構だという点だ。といっても、経験機械につながれているあいだは、自分のしていることが現実ではないことに気づく心配はない。あなたにとってはいっさいが完全にリアルに感じられるのだし、あなたはますます自己充足感にとらわれてゆくだろう。じっさい、これ以上に満足を覚えることなどまずありえない。

あなたは、こうした機械につながれていたいと願うだろうか。イエスと答えるひとは、まずいまい。そう答えるひとが少しはいるとしても、そのほとんどが哲学を専攻している若い学生だろう。そのようにつながれたままでいることを選択した人物のよく知られたフィクションの登場人物が、映画『マトリックス』のサイファーだ。彼の望みは、自分にはみすぼらしいとしか思われない現実の世界で生きつづけるのではなく、マトリックスのうちにふたたびつながれることであった。そんな風に生きることを考えただけでも、ほとんどのひとはゾッとするだろう。だが、それはなぜだろうか。私の考えでは、その理由は単純で、そんな生活が現実の世界に影響をおよぼすものとなることがないからだ。これでは、世界のうちに爪あとを残す結果にはならない。私たちは、自分のおこなうことにとってのいわば核となるものを求めずにはおれない。仕事は、それが有意義なものであるためには、なにかほかとちがうところを生みだすものである必要がある。経験機械のなかでなにをなそうとも、現実の世界に影響をもたらすことにはならない。そればかりか、ほかの人びとの生活にさえなにも貢献しえないだろう。あなたの存在は、いかなる現実的帰結をももたらさないというだけのことだ。

有意義な人生を送るには、しかるべきことがらに、それも可能であればしかるべき相手に気づかいを示さねばならない。あなたの気づかうことがらが、あなたの人生に目的をもたらす。そのことがらを本当にきちんと気づかっていれば、そのふるまいのうちにあなたがどのような人間であるかが表現されていることがわかる。つまり、なにかを気づかうことで、自身のアイデンティティに気づくことができるのだ。基本的に気づかいを示す対象はどんなものであってもよい。だが、そうした気づかいをつうじて自分の人生に意義とアイデンティティをもたらそうと思うなら、その対象は気づかいを示すに足るものとして、あなたを惹きつけるものでなければならない。

しばしば私たちは自分が生活の大半を費やしておこなっていることの核心をとらえそこなう。プロテスタントの支持者であったルターとカルヴァンには抗うことになるが、自分の仕事がそれにしっくりなじむことになるはずのしかるべき形而上学——もしくは事態の見とおし——すら、私たちには欠けている。そのようなものがあれば、私たちに理解できないものであったとしてもそれは、なんらかの核心が存在すること
の保証として機能するだろう。いまおこなっている仕事から十分な意義がもたらされないとき、私たちは懊悩《おうのう》する。そうでないときには、仕事はたいそう有意義なものに感じられている。そのばあいには、生活してゆくうえでの自余のいっさいが、仕事と比べるなら色褪せてしまう可能性が高く、結果的に私たちは仕事が

ほかにもあるさまざまな意義の源泉と同列なひとつにすぎないことを忘れさってゆく。仕事の経験は、深層での自己の実現から完全な倦怠という表層的な経験にまで切れめなくまたがっているのだ。

第3章

仕事の割りふり

興味深い仕事もあれば、たいして興味をそそられない仕事もある。だれもが同じ仕事に同じように惹きつけられるわけではない。スポーツライターには、おそらく大半のひとが関心をもつだろうが、それはそこに無料チケットや高価な座席、選手やマネージャーとお近づきになれるといった「特典」がふくまれているからだ。だが、私のようにスポーツにこれといった関心をもたない人種にとっては、そうした仕事から得られるものは給料以外にはゼロに近い。私が辞めたあとのポジションを埋めるのにたいした労力はかからなかったところを見ると、あきらかにその仕事を欲していたひとはほかにも大勢いたわけだ。おそらく募集人数より応募者数のほうが多かったのだろう。職種によっては、状況が逆のばあいもある。応募者数が募集人数を下回るわけだ。また、ほかの仕事よりも熱心に求められる仕事もある。

労働市場は公平ではない。「公平」ということで、内的な善《グッド》（興味や自己実現といった）にかかわる仕事と外的な財《グッド》（給料や報酬といった）にかかわるそれとが、均等に配分されていることを意味するのであればだが。このいずれもが均等に配分されてはいないことは火を見るよりあきらかだ。内的な善《グッド》よりも外的な財《グッド》を多くもたらす仕事もあれば、その逆のものもある。どちらの面でも多くをもたらす仕事もあれば、その逆のものもある。ときに、私たちは自分がどちらを求めているのかの決断を迫られる。十代のころの私の野心は、株式仲買人になって莫大な金を儲けることだった。だが、のちに私は哲学と出会い、人生の進路を土台から変えた。外的な財《グッド》という点で多くをもたらしてくれそうだが、内的な善《グッド》にかんしてはその逆でしかない仕事から、そうした方面ではほとんどなにも与えてくれない（別に不満を言っているわけではない）が、おそらく内的な善《グッド》という点ではずっと多くをもたらしてくれるはずの仕事へと進路を切りかえたのだ。それ以降私は、哲学者として得られる収入よりもはるかに多い給料を支払ってくれそうな職をいくつか提示された。だが、そのどれひとつとして、私を惹きつけるだけの魅力をもたなかった。なにしろ、それらは内的な善《グッド》という点ではまずなにももたらしそうになかった。なかには、哲学と同じくらいおもしろそうで個人的にはやりがいがあると思われるものもあったのかもしれないが、私にはそうは感じられなかった。私は自分で選択できる立場にありつづけたが、だれもがそうあれるわけではない。大半の人びとは、内的外的双方においてそれほど得られるもののない仕事で一生を終えるだろうし、なかにはこのいずれにおいても相当なものをもたらす仕事を選べるという幸運に恵まれるひともいる。最終的な成果となってあらわになるこのちがいは、そもそも正当化できるものだろうか。

この問題を最初に提示したのは、プラトンとアリストテレスであった。一方で、このギリシアの哲学者たちは、労働をどちらかといえばやるに値しない活動とみなした。人間にかかわることがらは、それにたずさわる者の人間的可能性を適切に発展させるべきなのだから、むやみに手間のかかるものであってはならない。他方で、この二人はじっさいには人びとがたがいに異なった仕事に就かねばならないということも理解していた。職人仕事を受けもつ者もいれば、商人もいなければならない。この二つの見解は両立可能だろうか。すっきりした解答は望むべくもない。そればかりか、仕事のなかにはほかのものよりも品位の落ちるものもある。そのため、そうしたきわめて品位の落ちる仕事を引きうけねばならないひとがなぜいるのかという問題が生じる。これは、社会的公正にとっての急所となる問いだ。

『国家』のなかでプラトンは、自身の考える理想的国家像を描いている。それほど詳細にわたって議論が繰りひろげられるわけではないが、肝心なところは示されている。興味深いのは、分業がその議論の要のひとつとなっていることだ。プラトンの言うところでは、ひとはだれもがあらゆる種類の仕事をこなすばあいよりも、特定の仕事に特化したばあいのほうがよりよく成果を挙げる。[1] このばあいもっとも肝心な問いは、多様な種類の仕事をどのようにポリスの市民に割りふればよいかだ。プラトンの試みているのが、想定上完璧に公正であるはずの理想国家の描写である以上、仕事の割りふりも完璧に合理的かつ公平でなければならない。力仕事を命じられることのないひとがいるとしたら、その理由はたんに統治者の気まぐれによるか籤引《くじ》のようなまったくの恣意的な手つづきによってかでしかない。なぜあるひとにあれではなくこの仕事が与えられるべきかについてプラトンが示す根拠は、ひとはそれぞれに異なった資質をもっているからということだ。「あるひとは生来ある課題に向いており、別のひとはまた別の課題に向いているものだ」[2]。身体の弱い者には商業がまかされ、おつむの弱い者には力仕事がまわされるといったぐあいに、仕事は割りふられるだろう。だが、身体もおつむも弱い者はなにをまかされるべきなのかについては、プラトンはなにも語っていない。プラトンが言うのは、人びとには生まれつきの資質があるということだけだ。どうやらプラトンは、すべてのひとにはもともとの向き不向きがあり、それに応じて特定の仕事に向くようになっていると考えているようだ。さらに、各人がもっとも自分に適した仕事に就くことが、国家にたいして各人の負っている義務だと信じているようだ。「各人は、自分の資質にもっとも適した国家への社会的奉仕をひとつは遂行しなければならない」[3]。プラトンによれば、私たちはみな共通善のために奉仕する義務を負っている。そのばあい、言うまでもないが、問題となるのは、プラトンによって描写される類いの人生がとうていもっとも望ましいものとは思われない点だ。概してユートピアは、現実の人間たちにとっては暮らしにくいという印象を与えるようだが、プラトンの理想国家もその例外ではない。

アリストテレスは、共通善という包括的な理想にプラトンほど重きを置かず、それよりも個人的な理想のほうを重視する。こう言うと、アリストテレスの見解のほうが現代の私たちにはずっと魅力的だと思われるかもしれない。だが、それは最初の印象にすぎず、すぐ裏切られる。労働がなされなければならないということと、完全に徳に満ちた至福の人生を送るには労働は妨げとなるという対立する二つの観念を、アリストテレスはどう融和するのか。アリストテレスがもちだす解決策は奴隷制だ。[4] 奴隷が労働を負担することで、アリストテレスのような人びとが余暇を好きに使う生活ができるようになる。

奴隷制は正当化されうるともアリストテレスは言っている。事実、アリストテレスの倫理学は程度の差こそあれ奴隷制を前提としてなりたっている。その倫理学の根本前提は、個人が自分に固有の徳を発展させられるためには、膨大な余暇を意のままにできねばならず、その時間はほかのだれかが労働を肩がわりしてくれるかぎりでのみ生まれるということだ。奴隷制に代わるただひとつの代案は、すべての労働が機械によって代行されるようになることしかないだろう。これはじつのところ、オスカー・ワイルドが『社会主義下の人間の魂[5]』でこの問題に与えた最終解決にほかならないが、こうした技術的解決策がアリストテレスの生きた知的環境では想像もつかないものであったことは言うまでもない。それに、アリストテレスであれば機械がすべての生産活動を代行するような社会を想像することはできたかもしれないが、古代ギリシアの人びとのあいだには技術にたいする猜疑心が広まっていたことを思えば、おそらくそのような社会にはアリストテレス自身が真っ向から反対しただろう。だからアリストテレスには、その倫理および政治にかかわる思想の全体に鑑みて、奴隷制を擁護する以外の選択肢はなかった。こうして問題は、この地上でこうした恥ずべき制度がどうすれば擁護できるのかということになる。

アリストテレスの擁護策はきわめて単純だ。人びとのなかには「生まれつきの奴隷」がおり、どの生きものにとってもよい生活とはみずからの本性と合致して生きることにある以上、奴隷制はじっさいそうした人びとにとってはよい人生となるにちがいない[6]。アリストテレスに言わせるなら、こうした人びとにとっては自由人であるよりも奴隷であったほうがずっと幸福だ。「生来の奴隷」という見解こそが、現代の読者にとっては非常識極まりないものであろうが、かりにこの弁護しようのない前提を受けいれたとしても、アリストテレスの議論にはまだ問題が残っている。「生来の奴隷」と自由人とをどうすればしかるべく区別できるのだろうか。結局のところ、額に「奴隷」と書きこまれて生まれてくる者などひとりとしていない。これはアリストテレス自身も気づいていたように、奴隷とは多くのばあい戦争で負けて捕らえられた者であって、たまたま戦争で負けた人間がじつは生まれつき奴隷たる人間であったとしたら、これほど奇妙な偶然はないだろう。その点はアリストテレス自身でさえ認めており、奴隷制が不公平だという理由でこれに反対する人びとはある意味で正しいことを言っていると、アリストテレス自身も書いていた[7]。そうであるなら私たちとしては、この洞察から出てくる帰結をきちんとたどり、こうした不公平な制度にたいして抗議することになるはずだとアリストテレスに期待したくなるが、それはなされなかった。むしろ逆に、アリストテレスは奴隷制を必要悪とみなした。おそらく、汚れ仕事はだれかがやらねばならないが、それが自分でなければ儲けものだくらいにアリストテレスは思っていたのだろう。

プラトンとアリストテレスの理論が、いずれもこんにちの私たちにはとうてい受けいれがたいにしても、両名が指摘した問題は依然私たちに付きまとっている。それは、各人に「ふさわしい職」――それは各人の「本性」にかなった仕事だ――をどうやって見つけるか、そしてまったく魅力を感じられない仕事をやる羽目になる人びとが出てしまうという事実をどうするかという問題だ。これと同じ問題は、オルダス・ハックスリーの反ユートピア小説『すばらしい新世界』[8]でもとりあげられていたが、そこではさまざまな労働者が遺伝子操作によってクラス分けされ、特定の職に見あうように調整される。これにかんしてはたとえば、こう論じることもできるだろう。生産ラインに勤務していて、それ以外の生きかたなどこれっぽっちも考えたことのないエプシロンたちは、人為的に製造された、アリストテレスの言っていた「生来の奴隷」の等価物であり、それにたいしてアルファたちは貴族階級に対応している、と。

各人が自身の労働生活についていだく願望は、必ずしも社会の必要に合致するとはかぎらない。子どもたちに大きくなったらなにになりたいかと尋ねたなら、お針子やスーパーの在庫整理の職に就くのが夢だと語る子どもはまずいない。子どものころの嗜好は、やりたい仕事とやりたくない仕事についてもっと広範な視点から考えられる年齢になったあとでも、ある程度は痕跡をとどめているものだ。最終的に、自分がほとんどやる気をもてなかった仕事に就く子どももいるだろう。ほとんど関心のもてない仕事をだれが選ぶだろうか。だが、だれかがそうしなければならない。お針子やスーパーの在庫整理がどうやっても「尊敬されない」職だと言いたいわけではない。たんに、そうした仕事は典型的なまでにほかの人びとほどの選択の幅をもたなかった人びとの仕事になりがちであり、彼らは内的善も外的財もたいして得られないままに、言ってしまえばそうした仕事に「はまり」こんでいるのだと言っているだけだ。

　どんな根拠にもとづいて、人びとにあの仕事ではなくこの仕事が割りふられるのだろうか。もっとも明白な答えは、人びとの資質にもとづいてというものだろう。これは、能力主義的発想だ。この代案は、縁故採用か機械的割りあて、もしくは籤引のようなまったくのランダムなやりかたしかない。こうしたほかの選択肢と比べたばあいの能力主義の利点は、第一に、各人にひとつの仕事を割りふるのは、それ以上の数の仕事が課されることがないという意味で公正だという点だ。すなわち、各人にふたつ以上の仕事が割りふられることはないのだから、それだけだれもがその仕事に専心することでいっそうの成果を挙げる。第二は、それぞれの仕事がもっともそれに適したひとに与えられるのは、それによってだれもがもっともよい成果を挙げるようになるという意味であきらかにより効率的だという点だ。とはいえ、公平性という点でこうした議論がすっかり納得できるものであるかどうかには疑問の余地がある。ある人びとがほかのひとより成果を挙げたとしても、その理由はたしかにより多くの資質があったからなのかもしれないが、じつはほかの人びとより一生懸命働いたからなのかもしれない。ほかのひとよりも一生懸命働くことにはあきらかなメリットがあるが、その結果は特定の資質に恵まれているばあいの成果と変わらないのではないか。なぜ、生来の資質を授けられていたというだけの理由で、あるひとが褒賞を得るべきだというのか。つまるところ、そうした資質をもっているということは、個人的な努力の産物ではない。ジョンがポールの二倍資質に恵まれていたとしても、自身の能力の六〇パーセント分しか働かず、それにたいしてポールが自分の限界までがんばったとしよう。そのばあいでも、ジョンは若干ではあれポールよりも生産量という点では上まわるかもしれない。そのばあい私たちは、依然ジョンのほうが貢献度という点ではうえだとしても、ポールのほうがジョンよりも賞賛に値すると考えたくはならないだろうか。ふつう私たちは、慈善に一〇〇ポンド寄付するひとは、同じことをする億万長者よりも賞賛に値すると思う。してみると、公正さという観点からの議論は必ずしも全面的な説得力をもつわけではない。そうは言っても、じっさいには限界までのがんばりが求められる仕事と、最終的な成果を生むはずの、その仕事にたいする資質との配分をまえもって確定するのは不可能に近い以上、私たちにできるのは最終的な成果を見ること以外にはないだろう。その意味では、効率という観点からの議論は依然としてむげには斥けられない。そうなると、能力主義的な順位づけのほうが、それに変わる代案よりも好ましいことになる。

自由民主主義の根本アイディアは、機会の根本的な均等が保証されるべきだということだ。完全な機会均等が実現した社会ができたなら、世代間の社会的流動性が促進されるものと期待したくなるかもしれない。だが、そうはなっていない。さまざまな労働市場の統計を見るなら、そこにはいくつかのパターンが認められる。子どもたちは自身の親たちの仕事のキャリアを再生産し、肉体労働者であった両親は、肉体労働の職を得て肉体労働者となる子どもをもつだろう。女性たちは典型的な「女性の仕事」をこなしつづけ、移民は慣習的に自身に課せられてきた低賃金のサービス業を請けおいつづけるだろう。もちろん、少なからぬ例外はある。多くの移民たちが会社内での出世階段を昇りはじめているし、アメリカにおける管理職と専門職の半分は、いまでは女性に委ねられている。だが、一般的に見るなら、労働分野における社会的階層分化は私たちがかつて期待したほどには変わっていないというのが実情だ。各国でおこなわれたさまざまな研究を見ると、社会的流動性はむしろ低下しつつあり、こんにち従業員集団にくわわりつつある若者たちは、彼らの両親の時代のようには社会階層のなかで上昇してゆけてはいない。こうした事例を見ると、階層と仕事の相関にかんして厳格な決定論が増加しつつあるというわけではない——生まれたときの社会階層が当人の運命となるわけではない——が、私たちは自分で分かっているつもりよりもはるかに、自身の社会環境に左右されている。

職業の選択ばかりでなく、あるひとがじっさいに職に就いているかどうかも家族内で遺伝する。ただ失業者がいるというだけでも、世界人権宣言の第二三条への違反となる。なにしろそこには、だれもが働く権利を有していると言明されている。もちろん、この条項には相当に解釈の余地があるが、ここでは細部に立ちいるつもりはない。だが、普遍的な働く権利がすばらしい考えだと言えるだろうか。あらゆる国民にこの明確な働く権利を保障している国など西洋にはひとつとしてない。それにはしかるべき理由がある。すなわち、それが経済的な観点から見るなら、ほとんど無意味だからだ。なにしろ、それがきわめて効率的であることなどまずありそうにない。こう言うと、効率よりも完全雇用のほうが大切だというひとがおられるかもしれないが、そのばあいに、そう主張する人びとは毛主席と同じ方向でものを考えている。毛沢東指導下の中国については、西洋経済学者のあいだで語りぐさになっている話がある。あるとき毛沢東が、何百という労働者たちがシャベルを使ってばかでかいダムを造っている現場を訪れた。なぜ彼らは掘削機《くっさくき》を使わないのかと尋ねると、現場監督が答えていわく、そのような工具を使うと、シャベルで働いている者たちが職にあぶれてしまいます。そこで経済学者たちは言う。「きみたちはダムを建設しているのだと思っていた。もし雇用を生みだすのが目的なら、彼らのシャベルを没収して、代わりにスプーンを支給すべきだ」。シャベルか掘削機の代わりにスプーンを使えば、雇用が生まれるというのはそのとおりだ。そのばあい問題は、そうした仕事がとうてい生産的なものとはならないという点だ。ということはさらに、そうした仕事が国家の繁栄にまったくと言ってよいほど無益だということだ。つまりそうした仕事は、生活水準を上げることにはなにも貢献しないわけだから、やがて労働者自身に苦しみをもたらすことになるだけだ。

もしだれにたいしても働く権利が保障されるべきだとしても、人びとが自分の望む職を得ることになるわけではない。国家が街路清掃のために専門の軍隊を雇うという事態を想像してみることもできる。もちろん、それによって街路はきれいになるだろうが、その掃除をおこなう者がひとり残らずその仕事に喜びを覚えるということにはなりそうにない。働く権利は、当人の望む職への権利とはなりえない。私には、フォーミュラ1のドライバーになる権利はまわってこないし、クリストとジャンヌ＝クロードの「梱包されたライヒスターク（帝国議会議事堂）」をも霞ませてしまうほどの記念碑的芸術プロジェクトを実行するための資金を保証された誇大妄想狂の芸術家になる権利も来ないだろう。数億ドルの費用はかかろうかという三部作の映画『ロード・オブ・ザ・リング』の監督を務めたいと願った者はごまんといたが、その夢をかなえたのは、ピーター・ジャクソンただひとりであった。ジェット戦闘機の操縦士になりたいと願った者のうちで、じっさいになれた人間の数はごくごくわずかだ。もちろん、なりたい職業のほうも変化してゆく。子どものころに操縦士になることを夢見た者の多くは、もっとおもしろいことを見つけ、進む方向を変えていっただろう。自分の個人的野心を実現できる仕事を得た者もいれば、それを果たせなかった者もいる。普遍的な働く権利というのは、おそらく誤った考えだろうし、切望するようなものでもない。なにしろ、私たちが手にいれたいと願うのは働く権利などではない。

こう言うと、公正さを欠くように思われるかもしれないが、事態がそうでないと考えるほうがまず不可能だ。理想的な世界でなら、労働にかかわるあらゆる善を完全に均等に配分することも不可能ではないだろうが、私たちの生きているのは理想世界ではない。ウィリアム・ジェイムズが指摘しているように、かりに道徳哲学者の仕事が想像しうるかぎりで最上の善の体系を追いもとめることだけであるなら、じっさいそれはきわめて容易な課題であろう。なにしろ、そうした要求のいっさいは一見したところでは（prima facie）きちんとしたものであり、たんに想像上の最善の世界では、いっさいの要求が望まれたそばからかなえられるからだ。だが、そんな世界は私たちの住まうこの世界のものとはまったく別種の物理的機構によってなりたっているにちがいない。[9]

現代の社会がいずれの種類の善《グッド》をも均等に配分するという理想に少しでも近づこうとしているとしたら、それは賢明とは言えない。とりわけ外的な財《グッド》にかんして完全に平等な配分を実現しようとした社会はいずれも、最後には「党」のメンバーを除いたすべての集団がありとあらゆる種類の善を奪われる社会と化してきた。それでも、少しはましな平等性を実現した社会にはなっているかもしれないが、いま私たちの生きている社会よりもよい社会だとはとうてい思えない。むろん、現在いたるところに見られる不均衡がまったくもって望ましくないのは言うまでもないし、ここ最近の不平等の急激な拡大については再考すべき点が少なくないことはもちろんだ。だがそれでも、現代の社会に比べるなら、あらゆる不平等を除去することばかりがめざされる社会は、はるかに劣る選択肢にしかならないだろう。

第4章

仕事とレジャー

現代人は働きすぎで、こなさねばならない仕事が多すぎて消耗しきっているとか、早死にする傾向にあるという論調は、ますます一般化しつつある。ニール・ヤングが「消えさるくらいなら燃えつきたほうがましだ[1]」と歌ったのも無理からぬ話だ。だが、思うにほとんどのひとが望むのはこのどちらでもなく、無理しない程度で充実した人生を送ることだろう。働くと私たちは早死にしてしまうのだろうか。私たちはそんなにたくさん働いているのだろうか。一般の見解には逆らうことになるが、じっさいには私たちの労働量は以前よりも減っており、労働は私たちの心身両面の健康に役だってさえいる。

二〇〇〇年まえ、そこまで行かなくとも五〇年まえと労働時間を比較してみるなら、現代人のほとんどが「パートタイム」で働いている。重役や弁護士といった社会の上層部にいる人びとは、平均的な労働者と比べるとはるかに長時間働いているが、全般的に見るなら、そうした人びとの大半でさえ一世紀か二世紀まえの普通の労働者と比べるなら、少ない時間しか働いていない。まずは、当時の悲惨な状況を確認しておこう。一八三三年の大英工場法では、織物業に従事している年少者の労働時間を短縮することがめざされた。一三歳以上〔一八歳未満〕の者にたいしては、午前五時半から夜八時半までのあいだでの一二時間労働が明記されていた。九歳から一二歳までの子どもにたいしては、一日九時間の労働が定められていた。もちろん、こんな数字はこんにちでは非常識に思われれるだろうが、工場主たちはこの法でさえときに破り、成人にも子どもにもそれ以上働くことを強制した。いまではこんな長時間の労働を定期的にこなせるのは、仕事中毒のひとくらいのものだろうし、そもそもこんにちでは子どもたちを働かせることが認められていない。産業革命以降、西洋の平均的な労働者の労働時間はどんどん減少しつつある。平均的労働者の労働時間が短かった社会を見るには、前近代へともどる必要がある。

こんにち私たちがこなしているとされている労働量の法外な多さについての記述は、たいていのばあい、驚くほどわずかな時間しか労働に費やさない狩猟採集民の自然と調和した生活についての牧歌的なイメージと対をなしている。パプアニューギニアのカポーク族は、けっして二日つづけて働くことはないし、カラハリ砂漠のクン族は一週間に一五時間以上働かない。さらにオーストラリアの先住民は習慣的に一日せいぜい四時間しか働かない。人類学者マーシャル・サーリンズは、『石器時代の経済学』のなかで、狩猟採集民族を「始原のあふれる社会」と呼んでいる。[2] ただし、そのゆたかさは、物質的ゆたかさとは無縁な、時間的なゆたかさだ。もしそんな生きかたに興味をかきたてられるかたがおられたなら、こうした生活スタイルが私たちの物質的ゆたかさの標準と比べて極端なまでに貧しいという事実を思いおこしてもらいたい。たんにいまより低い水準の暮らしで我慢してよいというのなら、私たちのだれもが、ずっと少ない労働時間ですませられるだろう。もちろん、現在の半分の時間しか働かなかったとしても、私たちが狩猟採集民族と同じ状況に置かれることはない。そのばあいでも私たちは、依然としてはるかに幸せだろう。全般的な生産力はこの五〇年間で倍増したわけだから、原理的に言うなら私たちは一日の半分だけ働けばよいわけで、それだけで五〇年まえの人びととまったく同じだけの生活水準を維持できる。だが、その生活水準で私たちがハッピーだと感じることはまずないだろうから、私たちはいっそう働かねばならない。

狩猟採集民族から古代世界に眼を転じるなら、その当時生きていた人びとにはたくさんの余暇があったことが知られている。古代ギリシアには、非常に多くの祝祭が設けられていて、祭りと祭りのあいだに労働のための時間はあったのかと疑問をもたざるをえないほどだ。もちろん、奴隷たちが祝祭のあいだも働きつづけていたわけで、だからこそあれほどの余暇があったにもかかわらず当時の社会はきちんと機能しえていたわけだ。そうした状況はローマ人にとっても本質的には変わらなかった。ローマ人のもとでは、年間一七五日もが祝祭に当てられていた。ローマ時代の祝祭はその後中世におけるキリスト教徒の祝日に様変わりしたため、そこでも労働と無縁な時間が大量に残されることとなった。

こうした時代にどれほどの余暇があったにせよ、だからといって当時の暮らしぶりにロマンチックな憧れをいだくべきではない。なにしろ、そのころの暮らしは苦難に満ちていた。なぜ当時の社会の労働時間が短かったのか、それについての明快な説明は、ほとんどのひとが長時間働くだけのスタミナを欠いていたということだ。当時の人びとのカロリー摂取量は、たいそう貧弱で、かろうじて必要とされていただけの時間の労働を支える程度しかなく、さらに労働自体もずっとスローペースでこなされていた。長い眼で見るなら、身体に投じた以上のエネルギーを身体から得ることは不可能だ。そのいっぽうで、近年の私たちのカロリー摂取量はとても多いため、ほとんどの人間が労働で消耗しつくすことはなく、そのため過剰なエネルギーを消費するために仕事のあとでエクササイズをおこなうか深刻な肥満になるかのいずれかとなっている。

一週間のあいだ長時間働くなどということは、現代の資本主義と結びついて発生したごく最近の現象だ。一九世紀後半までの資本主義の歴史は、労働時間の絶えざる増大の過程だ。中世は現代よりもずっと労働時間が短かったが、一九世紀の労働時間は現在の水準のほぼ二倍ちかくにまで増大した。そのピークが一八五〇年ごろだ。そのころは、祝日の日数が減りだした時期でもあった。なぜそこまで労働時間が増大しつづけたのか。その主たる理由のひとつは、賃金が時間給ではなく日給だったことだ。労働時間が一日の賃金よりも急速に増えていったのは、そうしたほうが工場主の儲けが増えるからだ。それに抗議の声をあげるだけの力は、当時の労働者たちにはなかった。最後には時間給という新しい給与システムが導入され、長時間働けばその分だけ賃金もあがるようになった。ここからわかるのは、必ずしも可能なかぎりの時間を労働者から絞りとることに工場主の関心が向けられていたわけではないということだ。なにしろ、終わりのほうの数時間では、労働者たちももう疲れてしまっているので、最初の数時間ほど効率はあがらないのだ。

一八五〇年とこんにちとを比べると、ＯＥＣＤに加盟している先進諸国での平均労働時間は、半分近くにまで減少した。その一方で私たちは、ポール・ラファルグが『怠惰でいる権利』のなかで提示した理想へ向かって着実に邁進しているように思われる。この書のなかでは、一日三時間以上働かないようにと推奨されている。だが、労働時間の紛れもない減少傾向のペースは落ちはじめており、アメリカとイギリスをふくむいくつかの国では、若干の増加に転じつつある。

こんにち私たちがどれくらい働いているかを正確に見積もるのは、とうてい容易な話ではない。その数値は、どの資料によるかに応じて著しく変動する。年間平均労働時間についてＯＥＣＤから示されている数値は、もっともよく参照されているが、二〇一四年時点ではこうなっている。アメリカは一七八九時間、カナダは一七〇四時間、オーストラリアは一六六四時間、イギリスは一六七七時間、ドイツは一三七一時間そしてフランスは一四七三時間だ［日本は一七二九時間］。国によるちがいが結構大きい点が眼につく。ヨーロッパ諸国のひとと比べるとアメリカ人のほうがよく働いている。他方で、アメリカ人とイギリス人のちがいは一一二時間にすぎない。これは驚きの数値かもしれない。なにしろ、ヨーロッパのメディアにはアメリカ人の労働環境が悪夢であるかのようなイメージを振りまく傾向がある。たとえば、しばしば大多数のアメリカ人がなんとかやってゆくためには二つか三つの仕事をかけもちしなければならない状態にあると言われる。じっさいの数がどれくらいなのかを調べてみれば、とてもそんな並外れた事態にはなっていないことがわかるだろう。二〇〇三年段階では、アメリカの就労人口の五・三パーセントが複数の仕事をかけもちしており、常勤の仕事を二つかかえていた割合は〇・二パーセントにすぎない。[3]じっさい、複数の仕事をかけもちしている労働者の数は、過去数十年で減少傾向にある。教育水準と職の数とのあいだの明白な相関も認められる。教育水準の高いひとになればそれだけ、複数の職に就いている数は多くなる。

じっさいのところ、平均的アメリカ人はどれくらい働いているのだろうか。これは答えるのが難しい問いで、週四〇時間未満というものから五〇時間を越えるというものまでさまざまな資料があって、評価が一定しない。真実はおそらくその中間あたりにあるのだろうが、じっさいの労働時間数がどのくらいかはきわめて見解のわかれる問題だ。その数値は、どのような測定方法に拠るか、そしてどこまでを労働概念のうちに組みこむかに左右される。もし非常に大まかな意味で労働をとらえるなら、労働時間数も相当に多くなるだろう。その典型がジュリエット・B・ショアーの『働きすぎのアメリカ人――予期せぬ余暇の減少』[4]だ。ショアーは、料理や家の掃除、庭の植物の手入れとガーデニング、子どもの世話、宿題の手伝いに子どもへの読みきかせや対話、ペットの世話に車の清掃、スーパーへの買いものから家事そのほかまで、ありとあらゆる種類の無給の活動を自身の労働の定義のうちにふくめている。そこまで労働の定義の幅を広げてしまうと、可能性としてこのカテゴリーに属さないことはなにひとつなくなってしまう。おそらくテレビを観ることは、この定義からするなら労働とはみなされないだろうが、子どもと一緒に見ているとなれば話は別だ。また、友だちと喫茶店に行くことも、テニスに興じることも、労働とはみなされないだろう。事実上もっぱら自分の利益のためだけにおこなわれるわけではないいっさいの活動が、さらには自分で食べるためだけに食事をつくるといった自分のためだけにおこなわれる活動のうちの一部も、労働とみなされることだろう。アメリカ人の平均労働時間についてのショアーの見積もりが異様に高いとしても、驚くには値しない。それればかりか、あきらかにショアーが、彼女が「労働」とみなす活動が多すぎるのはそれをする当人にとってまずいことだと考えている以上、それでは彼女の考えるよい人生とはどんなものなのかとだれしも疑問に思うだろう。それは、子どもへの読みきかせやペットの世話をする必要がなく、全関心を自分だけに向けていられるような生きかたなのだろうか。もしそうだとしたら、よい人生についての彼女の見解は、私のそれとは著しく異なっていることになる。

労働時間にかんする多くの研究に共通の難点は、それらが人びとの自己申告に基礎を置いているが、私たちには自身の労働時間数を多めに見積もる傾向があるということだ。アメリカ人が時間をどのように使うかを研究した著作のなかで、ジョン・ロビンソンとジェフリー・ゴドベイは一万人にのぼる調査参加者に日々の記録を分きざみで、一日二四時間つけてもらうよう依頼した。『人生のための時間』[5]で報告されたその結果は驚くべきものであった。調査に参加した男性は週平均四六・二時間働いていると答えたが、研究者が彼らの日誌をくまなく検討したところじっさいには週平均四〇・四時間でしかなかったことがあきらかとなった。この喰いちがいは女性のばあいはさらに大きくなった。彼女たちは週四〇時間働いていると主張したが、じっさいには三二時間にすぎなかった。長時間働いていると人びとが主張すればそれだけこのずれは広がる。週八〇時間は働いていると主張する人びとは、彼らの時間ごとの日誌を見ると、じっさいには五五時間しか働いていなかった。それでも十分に長いかもしれないが、彼らの主張する時間数に比べれば著しく少ない。じっさいにはアメリカ人は以前よりもずっと多い時間をレジャーに当てているというのが、この本の結論だ。かりに掃除や料理といった家庭内での無報酬の仕事や通勤時間をふくめたとしても、全労働時間は週五〇時間を越えることはなく、それだけアメリカ人は以前よりも多くの時間をレジャーに割いているわけだ。

平均労働時間数が全般的には増加していないとはいえ——そして増加傾向にあるわずかな国においてさえ、その増加はごくささやかだ——、自分は働いていると主張するひとの数は、平均労働時間の増えかたをはるかに超えて増加している。だから、ほとんどのひとが以前よりも働かなくなっているにもかかわらず、一部の人間は以前よりも多く働くようになっており、そうした働いている少数派の数はじりじりと増えつつある。じっさい、イギリスの労働者の六人にひとりが、週六〇時間以上働いていると主張している。そうだとするならこの人びとは、働きすぎのせいで健康が危険にさらされているかもしれない。あまりに長時間——一日に一二時間以上も——働いているひとでは怪我や疾患のリスクが急激に増大するということは、いくつかの研究が示唆している。そう聞かされても、だれも驚きはしないだろうが、じっさいに、そんな風に働いて死んでしまったひともいる。

　働きすぎて死んでしまうことを一語であらわすことばは、英語にはない。それは日本語では過労死と呼ばれ、中国語では「グゥオラオスー（過労死）」と呼ばれる。日本では、これは深刻な問題として認知されており、厚生労働省からは過労による死亡の労働統計が毎年公表されている。遺族が雇用主に補償を求める過労死訴訟の流行すら見られるほどだ。過労死はヨーロッパとアメリカにも見られるが、公式の数字はまだ出されていない。だからといって、こんにちの西洋諸国では平均労働時間数が減少しているのだから、そこから健康へのなにがしかのメリットが生まれるだろうと主張するのは無理だ。もちろん、そもそも働かなければ仕事によって命を落とすことも起こらないが、なにか別のことが起こるだろう。ジョン・メイナード・ケインズが指摘していたように、「長い眼で見れば、私たちはみな亡くなる」[6]。

　概して、働いている人びとは働いていない人びとよりも長生きだ。ノルウェーでは、その差は女性では八歳、男性では七歳だ。この差を説明する方法はいくつもあろう。たとえば、働いていないひとの大多数がさまざまな疾患を患っているために、労働力となりえないという事実があるのかもしれない。だが、労働が一般的に見て早死にへとつうじているという主張を支える証拠はない。じっさいにはその逆のほうが当たっているように思われる。

むろん、こうしたことは個々のケースで、だれがどんな種類の仕事に就いているかに左右されよう。だが、一般に仕事が健康に与える利点についてはたしかな証拠がある。現在この点にかんするもっとも包括的な調査報告は、イギリスの医学博士ゴードン・ワデルとA・キム・バートンによる『仕事は健康と幸福のためによいのか』で、そこでの結論は「仕事は心身両面において健康と幸福によい」というものだ。[7] この二人の研究が興味深いのは、よくおこなわれている、仕事が健康にもたらす悪影響を調査する――それゆえそこでは、はじめから仕事は健康に害をもたらすものだという前提が採られている――というありがちな研究とは真逆なアプローチがとられている点にある。仕事が健康にもたらす利点に関心を絞ることで、従来とはまったく逆のイメージがあらわれてくる。

労働以上に健康をそこなう原因となるのが失業だ。しかるべき水準の社会保障が整っている先進諸国では、失業がもたらす心理面での影響がもっとも重大なものとなりがちだ。そうした影響が人びとの健康に深刻なダメージをおよぼすのは、失業が死亡率の上昇と心身両面での健康へのダメージをもたらすものと思われるからだ。いわゆる実証的研究のなかで用いられている幸福ないし「幸福感」への否定的影響という観点からするなら、失業こそが深刻な病や離婚と並んでもっとも大きなダメージをもたらす要因のひとつだ。してみると、収入がなくなることはこうした事態のごく一部を占めることがらにすぎず、ほかの要因のほうが純粋に経済的な要因以上に大きな影響をもたらしているようにも思われる。「典型的な」失業者は、それだけ他者との社会的接触の場を失い、自己評価もさげざるをえない。人びとは失業を個人的なできごととして受けとめる。つまり失業は、「失業者」集団のひとりというよりも、個人としての当人に影響をおよぼす事態だ。私たちがアイデンティティの源泉としての仕事に相当の重要性を認めていることからするなら、職を失い新たな職を見つけるのに失敗したひとが往々にして自暴自棄になってしまうのも、無理からぬ話だ。

おそらくワデルとバートンの研究におけるもっとも注目に値する結論は、失業中に心身両面にわたって健康が悪化したことからよくない影響をこうむった人びとでも、仕事を見つけると健康を回復するようになるということだ。二人の言うところでは、人口の五から一〇パーセント程度は、仕事と無縁であるほうがよりよい健康状態にあり、それはとりわけ喘息や重い病をかかえている人びとに当てはまる。だが、そのほかの人びとは概して、働くことから健康への恩恵をこうむっている。仕事が一般に健康と長寿によい影響をもたらすというのは事実だが、だからといって働けば働くほど健康になり、ますます長生きできるようになるわけではない。働きすぎがよくないのは言うまでもない。強制労働収容所が懲罰のための機構であるのは偶然の一致ではない。どこからが「働きすぎ」なのかの線引きは難しいが、健康という観点から見たとき、現代の人びとが概して働き「すぎている」とみなす根拠はない。

結局のところ、大半のひとが自分は働きすぎているとは考えていないことを示すまた別の証拠として、パートタイムで働くのを喜んで受けいれるひとがきわめて少ないということが指摘できる。少なからぬ会社が従業員にたいしてパートタイムの仕事を、それに対応した低賃金で提供しているが、つぎつぎに出される研究からわかるのは、その申し出を受ける従業員はとても少なく、せいぜい三から五パーセントにすぎないということだ。問題はなぜかだ。ある従業員にとっては、その答えは簡単で、それなりの生活水準を維持したいと思っている以上は給料カットに応じるわけにはゆかないのだ。だが、労働時間や収入を多少減らしても依然として平均以上の給料を得ている収入の高い従業員であっても、なおのこと給料カットには応じない傾向がある。こうした人びとは彼らより給料の低い人びと以上に、自分たちにとる資格のある有給休暇をとることすらしりごみする。ここでもまた、問題はなぜかだ。彼らのなかには、そんなことをしてしまえば、フルタイムさらにはそれ以上働くことで自身が会社に全身全霊をこめて献身していることを示しそこねて、自分たちが余計物であることが露見するのではと恐れる者もいるのかもしれない。だが、働く時間を減らす選択をする労働者の数は、経済が好調でも増える傾向にはないし，解雇されるリスクはじっさいのところきわめて低い。別の心配として、パートタイムでしか働かなくなると、昇進の機会が減りはしないかという危惧がありうる。このほうが可能性は高い。二人の同等な資質をそなえた従業員のうちひとりを昇進させようというばあい、一方がフルタイムで勤務しており他方がパートタイムで勤務しているとしたら、おそらく前者が推薦されるだろう。このばあい自問されるべきは、そうした昇進の可能性がじっさいにはどの程度重要なものかという点だ。家族や友人といっそうの時間をすごすほうが自分にとってどれほど大切かを考えるなら、昇進の機会を失うくらいのことは十分おつりが来る程度の支払いでしかない。こう言うと、家族ともっといっしょの時間をすごしたいと望んだだけで、「懲罰」を受けるのは公正ではないと言われるかもしれない。私見では、こうした人びとは懲罰を与えられているわけではなく、自分たちにとってなにが本当に大切かについての選択を実行しただけのことだ。そうすることで長期的に見て彼らは、家族との生活の多くを逸してしまった人びとよりもはるかによい生活環境を手にいれることだろう。

それが可能なばあいでさえ、なぜ人びとがもっと短い労働時間で働こうとしないのかを説明するもっとも真実味のある説明は、事実として彼らがパートタイマーになることを望んでいないからだというものだ。労働と家庭生活の近年の関係についての興味深い研究『タイム・バインド（時間の板挾み状態）働く母親のワークライフバランス――仕事・家庭・子どもをめぐる真実』のなかで、アーリー・ラッセル・ホックシールドは、この点を示唆している二つの研究を引用している。[8] 一九八五年にアメリカの労働統計局が労働者にたいして、週あたりの労働時間が短くなる、もしくは長くなるのと従来の労働時間を維持することのいずれを希望するかの調査をおこなった。短くなるのを望んだひとは一〇パーセントにも満たなかった。六五パーセントが現状維持を望んだが、そのほかはじつのところもっと長い時間働くことを望んだ。ニューヨークの家族と労働研究所による一九九三年の研究では、大人数の労働者にたいして、どの程度の時間とエネルギーを仕事・家族・友人・自分自身に費やしているか、そして理想的にはこのそれぞれにどの程度の時間を費やしたいか、という質問がされた。この二つの問いにたいする解答は、ほぼ同じだった。人びとが一般に仕事と生活のバランスをどう考えているのかについてのかなり正確な実情が、これらの研究から与えられるとしての話だが、人びとは自分がこのバランスを見いだしているか、もしくは少なくともよいところまでは行っていると思っているようだ。

欧米の労働者は、一般に死にいたるまで働く傾向にあり、そこまで行かなくとも働きすぎてダメになってしまう絶えざる危険にさらされているという見解は広く普及しているようだが、じつのところ現在参照できる研究のなかにはそれを支持する証拠はほとんど見あたらない。これこそは紛れもない都市伝説の類いだ。こう言うと、なるほど私たちは少しまえと比べて労働時間こそ減っているにしても、その労働のせわしなさとペースはどんどん増しているという反論が帰ってくるかもしれないが、それを示唆する明白な証拠もないに等しい。ただし、たしかに私たちの生活の全般的なせわしなさが増しているのは事実のようだ。以前よりも睡眠時間は減っている。まえの世紀と比べて、平均睡眠時間は一日あたり一から二時間程度減少しており、これはきわめて大きな差だ。増加した起きている時間に、私たちはなにをしているのだろうか。働いているのではないということだけはたしかだ。それでいて人びとは、以前にも増してこきつかわれていることにたいして、さらには消耗しつくされることにたいして不満をこぼしている。もしこれが当たっているなら、もっとも納得のゆく説明は私たちが不平をこぼしているのは労働にたいしてではなく、むしろレジャーにたいしてだということになる。「よく遊びよく学べ〔遊んでばかりで勉強しないとジャックはダメな子になる〕」という諺《ことわざ》は、こんにちではスタンリー・キューブリックの映画『シャイニング』をつうじてもっとも知られていることだろうが、ジェームズ・ハウエルの『箴言集《しんげんしゅう》』にまでさかのぼることができる。だが、アイディアだけならその起源はさらに古く、紀元前二四世紀ころに書かれたエジプトの賢者プタ・ホテプの箴言にはこうある。「ひがな釈明に追われているひとには、幸せなときは訪れない」。「歴史の父」ヘロドトスの伝えるところでは、エジプトの王アマシスは親しい者たちから仕事をサボりすぎると非難されたときに、こう答えた。

弓を所持する者が矢をつがえるのは、そうする必要のあるときだ。打ちおわった後は、ゆるめておくものだ。いつも張ったままにしておいたら、折れてしまい、肝心なときに役にたたなくなるだろう。人間も同じことだ。絶えずきつい仕事が課され、ときにはくつろいで遊ぶという気もちが少しも許されなかったら、だれだって気づかぬうちに乱心して呆けてしまうだろう。それがわかっているから、私は生活のなかで気ばらしと仕事とを使いわけているのだ。[9]

この主張は、二五〇〇年たったこんにちでも、みごとなアドヴァイスとなっている。だれもが息ぬきを必要としていることは、いまも昔も変わりない。この点にかんして、逆の意見をいだいていたのがフォードだ。「だれにも息ぬきをする権利などない。文明社会には怠け者のための場所はない」[10]。もちろん、フォードはまちがっている。休息の必要性は、国連世界人権宣言の第二四条にも銘記されている。「だれもが休息をとり、レジャーを楽しむ権利をもつ。そこには、労働時間のある程度の制限と定期的な有給休暇がふくまれる」。

「レジャー」という語は、「許されている」という意味のラテン語のlicereに由来する。レジャーのときは時間をどう使ってもかまわない。少なくとも、そこにこそレジャーとはなんであるかについての土台となる考えがある。してみれば、ある活動が労働であるかレジャーであるかは、それをおこなっている当人の意識によることになる。プロの選手がそのスポーツをおこなっているとき、その活動が仕事であるのは言うまでもないが、私たちの大半がスポーツをおこなうのはレジャーの時間だ。読書は、私にとってはたいていのばあいは仕事だが、大半のひとは、レジャーに数えいれるだろう。もし私が本箱をつくらなければならないとしても、それはおそらくレジャーだろうが、大工にとっては仕事だ。こう言うと、あるひとにとっての仕事は別のひとにとってはレジャーだということになると言いたくなるひともいるかもしれない。

この点をまざまざと示しているのが、マーク・トウェインの『トム・ソーヤの冒険』だ。ある有名なシーンで、トムは漆喰《しっくい》塗りはじっさいめったに体験できることじゃないと思いこませることで友だち全員をだまし、フェンスの漆喰塗りを自分の代わりにやらせる。そればかりかトムは、特権を譲ってやった代価として、友だちからブリキの兵隊とかんしゃく玉などをせしめさえする。

トムは人間の行動の根本法則を、それと知ることなく発見した――ひとになにかを欲しがらせるには、それがなかなか手にいれがたいと思わせさえすればよい。もしトムが、この本の筆者のようにすでにして偉大で優れた哲学者であったなら、仕事とはひとがしなければならないことであり、遊びとはひとがしなくてもかまわないことを意味するのを理解するにいたったことだろう。それがわかればトムは、十柱戯《じゅっちゅうぎ》のピンを倒すことやモンブランに登ることが娯楽でしかないのに、なぜ造花をつくることや足踏み車を踏むことが仕事であるのかを理解しただろう。夏になるとイギリスには、四頭だての馬車を毎日二〇マイルも三〇マイルも走らせる金持ちがいるが、それはその費用がとてつもない額になるという点で、特権として愉しみをもたらす。だが、もしこの行為に賃金が支払われることになったら、いまや馬車を走らせる行為は労働であることになるわけだから、彼らはそくざにそんな行為は辞めてしまうだろう。[11]

もし意識次第で仕事がレジャーになるのなら、逆もまたありうるだろう。意識次第でレジャーは仕事に変わる。ではそもそも、レジャーとはどのようなものなのだろうか。それが愉しい（playful）ものであることは、大半のひとが同意するだろう。「遊ぶ（play）」ということばは、踊るとか喜ぶといった意味のラテン語plegaに由来する。愉しい活動とは、自己目的的なものだ、つまりそのこと自体を超える目的はない。もちろん、愉しい活動が多くの有益な結果をもたらすことはありうるが、それが目的でその活動がいとなまれるわけではない。私たちが遊ぶのは、そうするのが愉しいからだ。

だがそれにもかかわらず、レジャーのためにおこなわれることの多くがそんなに楽しいものとはならないばあいも少なくはない。『善悪の彼岸』で、ニーチェは書いている。

> 勤勉な種族にとっては、怠惰に眼をつむることは並外れて難しい。イギリス人は、日曜日を聖なる日として（te deum）退屈のうちに（tedium）すごしながら、ひそかに仕事日である週日を恋焦がれるが、これこそはイギリス的本能の傑作であった。[12]

現代人は、レジャーのための時間すべてをありとあらゆる活動で埋めつくして、事実上破裂寸前になるという逆の極へふれてしまっているようだ。レジャーはいまでは多くの下準備を要することがらとなり、仕事にもどったときに本当の休日がやってくるかのような気さえするほどだ。現代人が、仕事のないときにどんどんストレスを覚えるようになった挙句、仕事のために時間を費やすほうをますます好む傾向になりつつあることを示す具体的な証拠はくさるほどある。会社も従業員にたいして、とりわけ管理職にたいしてより多くの時間を仕事ですごし、家での時間を減らすことができるようになるサービスを率先して与える傾向にある。多くのひとが、もはや自宅を仕事から自由でいられる場所とはみなさず、むしろ第二の職場であり、しかも本来の職場より得るところの少ない職場とみなしている。ホックシールド[13]によるなら、これは男性以上に女性に当てはまる。さほど大きなちがいではないが、女性に比べて男性のほうが自宅で「愉しい気分」でいるらしく、逆に女性のほうは働いているときのほうがそうした気分でいられるようだ。これは、家での家事の負担が女性に偏っていることと関係があるのではないかと考えたくなるが、それが考えすぎとは思えない。

少なからぬ作家が、レジャーよりも仕事のほうが好きだと語っている。『幸福論』のなかで、バートランド・ラッセルはこう言っている。

だから、仕事が望ましいものなのは、なによりもまず退屈を防いでくれるものとしてだ。なにしろ、興味はないがどうしてもやらねばならない仕事をするときに感じる退屈は、その日にやらねばならないことがなにもないときに感じる退屈と比べるなら、ゼロに等しい。[14]

ラッセルはさらにつづけて、「どれほどつまらない仕事でさえ、ほとんどのひとにとっては無為ほど苦痛ではない」[15]とも言っている。ラッセルのもっともよく知られた著作の表題が『怠惰のすすめ』であり、そのなかでまさにこれとは逆の主張が展開されていることからすると、この主張はつじつまが合わないように思われるかもしれない。それでも、仕事はしばしばまったくの無為ほどには苦痛ではないというラッセルの主張は正鵠を射ていよう。『人間論』のなかでトマス・ホッブズはこう書いている。「仕事はよいことだ。これこそはまさに生命の衝動だ。だから、歩くためにではなく歩いているばあい、それは自分にとっての仕事としておこなわれている。どこで曲がろうかとかなにをしたらいいんだとつぶやくのは、苦悩している人びとだ。無為はひとを苦しめる」[16]。これと似た内容のある注記のなかで、ノエル・カワードは「労働は愉しみよりもはるかに愉しい」と書いた。これは正しいだろうか。答えはどんな類いの労働をしているか、そしてどんな類いの愉しみを感じているかによって変わるだろう。世界中の労働者に調査をおこなったなら、その大半がカワードに同意しないのではないかという気がする。それどころか大半の労働者は、普通の愉しみは、仕事のないときの喜びほどのものにはならないだろうという見解にも、おそらく賛同するのではないだろうか。もし一週間丸まる休みだったら、週末はなんら特別な日とはならない。一九九六年にコペンハーゲンの未来研究所が相当数のデンマーク人にたいして、労働とレジャーのどちらがもっとも満足をもたらしてくれるか、もしくはどちらもが同等の満足を与えてくれるかについて調査した。[17]解答した者のうちの一〇パーセントが労働だと答え、一三パーセントはレジャーだと答え、大多数を占める七七パーセントはどちらも同等の満足をもたらしてくれると答えた。おそらく主流派の意見はそのあたりにあるのだろう。他方がなく一方しかない状態では、その一方自体の価値も下がるが、いずれもがあるばあいにはどちらの価値も上がる。

一九二八年（一九七〇年に再刊）のある論文のなかでG・K・チェスタトンが、「レジャーにはさまざまな意味がある」と指摘していた。つづけてこう言っている。

いまやレジャーということばは、まったく意味の異なる三つのことがらを包括する名まえとなっているようだ。第一は、なにかをすることが許されているという意味。第二は、なんでもすることが許されているという意味。そして第三（の、おそらくもっとも稀で貴重なの）は、なにもしないでいることが許されているという意味だ。当然ながら、第一の意味でのレジャーについては、近年の社会的整備のおかげでとてつもなく莫大な、そしておそらくはきわめて有益な増加が実現されている。言うまでもないが、ゴルファーにとってはゴルフをするための、ブリッジ・プレーヤーにとってはブリッジをするための、ジャズ・ミュージシャンにとってはジャズを演奏するための、ドライバーにとっては車に乗るための道具と機会とが用意されており、しかもこれらはますます精巧になっている。だが、こうした娯楽が提供されている世界にじっさいに身を置いている人びとの眼には、現代社会がじつはあらゆるものの普遍的な供給主ではないことは一目瞭然だ。この世界では、あるものを手にいれることはますます容易になる一方で、そのほかのものを手にいれる可能性はゼロに等しいことにいやでも気づかざるをえない。第二のレジャーは、増えるどころか、概して減少しつつある。自分の選択したどんなかたちにも成形しうるある種の素材を手にしているという感じは、こんにちではほぼ芸術家だけに授けられている類いの快感だ。第三のタイプのレジャーについて言うなら、まったくなにもしないというのは、もっとも貴重にして活力を与えてくれる、純粋にして神聖、高貴な習慣にほかならないが、これは私見では全人類の退化を招きかねないところまで、これまで無視されてきた。いまや、無為という偉大な業を崇拝するために、芸術家が創作活動をおこなわず、後援者が支援活動をせず、群集が集おうとしないために、世界からはそうした哲学が失われ、新たな宗教を創造することさえうまくゆかなくなっている始末だ[18]。

チェスタトン自身が一〇〇冊以上の著作を著わし、してみればまったくもって「無為」を実践しえていなかったというのは、なんとも皮肉な話だ。私見では、チェスタトンが七〇年もまえにこう書いていたころと比べてさえ、私たちははるかにひどい状態にあり、おそらくは第四として、あらゆることをしなければならないという意味を付けくわえねばならないことだろう。

週末と祭日にはとりわけせきたてられる感じが強まる。そこにはかぎられた時間しかないのだから、そのなかですべてのことをこなそうとするなら、無為になどすごしてはいられない。

時間を厳密に管理するというのは、祭日に類したいかなることとも折りあいのつくふるまいとは思われない。驚くべきことには、私たちの祭日はますます効用性に押しつぶされた状態と見分けがつかなくなりつつある。近年の旅行会社のバスツアーは、どの観光名所にも一五分ほどしか停まらず、そうすることで回れる観光スポットの数を最大にしようとしているが、いまやそれが常態化しつつある。

祭日をあらわすもうひとつのことば「ヴァケーション」は、自由ないし義務の免除を意味するラテン語のvacationもしくはvacatioに由来する。つまりヴァケーションとは、あなたがしなければならない義務との対比で、好きに選べることがらにかかわるものとみなされるのだ。だが、ときとしてヴァケーションはある種の仕事に、自分のために自分で支払わねばならない類いの仕事に変貌することがある。一分たりとて無駄にできないようなときや、この美術館やこの記念碑を鑑賞「しなければならない」ようなときが、それに当たる。個人的には、まったくの時間の無駄遣いであるようなヴァケーションが好みだが、それはそのような休日こそが祭日をすごすということの本質であるように思われるからだ。これまで哲学者としての義務——さまざまな国で講演をするといった——にしたがって多くの旅行をしてきたが、個人的に最高の休日は、往々にしてたんに自宅にいられる、すなわち事実上なにもせずに、どこぞの空港へ行くことも、いずこかのホテルにチェックインすることもなくいられるときだ。

仕事が一時的性格のものであるという事態がレジャーのなかにまで侵入してきたため、レジャーが仕事と区別がつかなくなり、ときとして「現実の仕事」が「仕事らしさ」を示すようになったレジャーと比べたばあいに救済であるかのように思われてしまうことがある。たとえばベンジャミン・フランクリンがそのエッセー「時は金なり」[19]のなかで正しく指摘していたように、私たちがレジャーに費やす時間が増えるにつれて、レジャーは私たちに犠牲を強いるものと化すことがある。私たちはレジャーのときこそますますスケジュールをタイトに守るようになる。こう言うと、私たちはそれと気づくことなく、あたかも一九世紀の管理顧問F・W・テイラーの科学的管理法にしたがって、レジャーの時間を枠にはめつつあるのだと言われるかもしれない。レジャーの時間はできるだけ効率的に使われるべきだというわけだ。私たちは育児や掃除、料理などをなるたけ外注して、できるだけ自分の貴重なレジャーの時間を確保しようとしているが、その結果といえばさらなるてんやわんやを招くだけだ。じっさいのところほとんどのひとのレジャーの時間は、約束だとか決められた時間にあれやこれをしなければならないという拘束によって、労働時間以上に枠にはめられている始末だ。レジャーの時間が時間プランナーによって規律づけられているとしたら、そんなものはじつのところレジャーでもなんでもないだろう。

一九世紀の哲学者にして社会学者ハーバート・スペンサーは、一八八二年にニューヨークでおこなった講演のなかで、この点にかんしてアメリカ人に警告を発していた。

なにもかも擲《なげう》って仕事に専心すると、娯楽すら愉しいものではなくなる。リラックスすることが命令と化すと、人生はそのただひとつの関心事である仕事の楽しみを失って、侘しいものとならざるをえない。旅行中のアメリカ人の目標は、できるかぎり短い時間でできるかぎりたくさんの観光をすることだという、最近イギリスで述べられた所見を、私はつい最近こちらで実感した。うまくやりとげる満足が、そのほかのあらゆる満足を焼きつくしているありさまだ。[20]

同じ講演のなかで、スペンサーはこうも述べている。「肩の力を抜いて《リラクゼーション》という福音を唱えるときが来た[21]」。私たちのレジャーは過去一二五年のなかでますますリラックスとは程遠いものになりつつある。私たちはだれもが、スペンサーによってこの講演のなかで描かれたアメリカ人とますます瓜二つになりつつある。私の考えるところでは、こんにちこれほど多くの人びとが疲弊しつくし、燃えつきてしまうことへの不満を洩らす主たる理由は、仕事が大変だからではなく、むしろレジャーのほうが大変だからだ。

第5章

管理されること

自営業者を別にすれば、管理と無縁でいられる労働者は皆無に等しい。「管理する」という動詞は、手綱をとることを意味するイタリア語のマネッジャーレ（maneggiare）から来ており、とりわけ馬の手綱を操《ハンドリング》るさまを記述するのに用いられていた。名詞の「管理」には、だれかがほかのだれかあるいはなにかを導いてゆくという意味がなにほどか残っている。昨今の労働の現場におけるじっさいの操縦《ハンドリング》が、身体的なものというよりは言語的なものになりつつあるにしてもだ。

いったい正確なところ、管理がいつから労働を構成する要因のひとつとなったのかは、議論の分かれるところだ。管理は現代的な現象だと断言する者もいれば、管理のある種の形態がすでに古代シュメール人やエジプト人のあいだで労働の組織化にとって不可欠な要素をなしていたことを強調する者もいる。スパルタとローマ社会における、効率を最大化するための軍隊の演習には「科学的管理法」に似たところがあったと主張することもできるだろう。だが、労働計画がいっそう重要なものとなったのは、労働がときとともに工場内でなされるようになっていった以降のことであるのは明白だ。

管理の科学的研究にとっての画期的な転換は、F・W・テイラーの『科学的管理法――マネジメントの原点』[1]とともに到来した。この著作は、おそらく現代世界でもっとも影響力をもった著作に数えいれられよう。当初はかぎられた数の読者しかいなかったようだが、生産性を最大にするには現代社会において労働がどのように管理されるべきかについての見方を根本から転換するものとなった。テイラーは重症の仕事中毒だったようで、朝五時に起床すると七時から夕方五時まで働き、徒歩で帰宅すると夕食をすませたのち、一一時まで勉強する。それからジョギングへ出かけてから就寝し、五時間フルに寝れば十分だったようだ。あきらかにこれは、自分にも他人にも気の緩みをまったく許さない人間の典型だ。

テイラーは、当時の最先端のテクノロジーであったストップウォッチを使った。実験にはたくさんの労働者が駆りだされたが、なかでもテイラーは「シュミット」という名のオランダ系移民に関心を絞った。働いているときも休憩しているときもシュミットにはモニターがつけられ、テイラーはシュミットの一つひとつの動作すべてにかかる正確な時間を計測した。こうしていっさいが数量化された。テイラーの考えでは、シュミットの生産性には相当な改善の余地があった。じっさい、テイラーの指示にしたがうことでシュミットは、以前には一二・五トンしかとれなかったのと同じ時間内で、四七トンもの銑鉄《せんてつ》をとれるようになった。もちろん、生産性の増大は、シュミットに以前よりも多大な労力を強いるものではあったが、もしシュミットがいっそうの労力を発揮したならば、それ相応の報酬を得ることになるはずだとテイラーは考えていた。だが、生産性がおおよそ四〇〇パーセントにも増大したのに比べて賃金はたったの四〇パーセントしか上がらなかった。テイラーに言わせれば、これは自身の科学的管理法理論の有効性にたいする肯定的な証拠であった。

テイラーの見るところ、シュミットは飲みこみのきわめて遅い人間だが、それがシュミットの一番の長所でもあった。[2] 彼の理論によると、力仕事に従事する者は筋力さえ提供できればよく、考えるのはもっぱら管理職の担当だ。労働の工程そのものは、労働者のスキルにいっさい左右されないものとなった。労働者の日々の課題のなかから職人技や伝統の痕跡は後かたもなく消えさり、いまや労働者は理想としてはロボットと同じように心をもたないものであるべきだとみなされるようになった。なにしろ、労働者のがわでのいっさいの知識や主導権は追いはらわれ、作業の全過程において管理職が事実上完璧な支配権を握るようになったのだ。作業の一部をちがった風にやろうと考えたり、みずから指示を出したりしようとする労働者は、たんに規則違反者とみなされる。要するに、そうした労働者は格下げされる憂き目にあうわけだ。こうした作業計画を労働者に受けいれさせるためには、賃金を上げてやりさえすればよいとテイラーは考えたが、そのいっぽうであらかじめ労働力を測定しておくことが不可欠だとも考えていた。

テイラーの原理を用いてもっとも成功を収めた例は、自動車メーカーのフォードだ。そこでは、この原理に流れ作業が結合された。流れ作業の基本的なテクノロジーは、すでに食肉業界などでは用いられていたが、フォードはそのテクノロジーが用いられるスタイルを変えた。流れ作業の基本となるアイディアは、労働者を仕事につかせるのではなく、仕事のほうがみずからは移動しない労働者のもとに届けられるところにある。その結果、管理者にはそれぞれの課題が完遂されるべきスピードを決定することが可能となり、それによって分業の原理はまったく新たなレベルにいたった。フォードで流れ作業にのっとって車を製造する労働者たちには、まったくと言ってよいほど技能は必要なかった。そればかりか、思考をはたらかせる技能や能力を欠いていればいるほど、それがその労働者の長所とみなされたほどだ。一九一六年の「シカゴ・トリビューン」紙のインタビューのなかで、フォードはこう述べていた。「歴史なんて程度の差こそあれたわごとだ。そんなものはただの伝統にすぎない。われわれには伝統なんかいらない。肝心なのはいまを生きることだ。唯一価値のある歴史があるとすれば、それはわれわれがいまつくっている歴史だ」。フォードが生産性向上のために施行した労働の組織化は、この発言とぴったり合致するものであったが、それはもはや歴史や伝統の類いがわずかたりとも労働過程のなかに認められなかったからだ。労働は、気の遠くなるほどに単調なものと化したが、フォードの考えでは十分な高給さえ支払われさえすれば、むしろ労働者たちはすすんでこうした「格下げ」を受けいれる。

流れ作業による労働は、けっしてチャーリー・チャップリンの映画『モダン・タイムス』で描かれたほどに非常識なものではなかったが、この戯画はまさに的を射ていた。フォード流のパラダイムにおいては、労働者は程度の差こそあれ、機械の一部品としかみなされなかった。

これこそは、チャップリンの映画のなかのチャップリンが機械のなかに巻きこまれそれと一体化した場面で巧みに描きだされていたことだ。チャップリンのひきつけを起こしたような動きには、機械の瞬間的な動きに人間の身体がとりこまれてしまったさまがみごとにあらわされている。哀れなチャップリンが自動食事マシーンにしばりつけられるという風変わりなシーンも忘れてはならない。栄養が与えられれば労働者は働きつづけられる。そのさまは、エンジンに燃料を供給する工程と瓜二つだ。

一九四〇年にフォードは、自社の短編映画『交響曲F』を製作したが、これはチャップリンの『モダン・タイムス』にたいする返答とみなせる。そこで試みられたのは、流れ作業による労働にたいするずっと前向きなイメージを喚起することだ。作業のペースはゆっくりで、すべてが渾然《こんぜん》一体となって進行するさまの美しさがきわだたせられ、どの作業ひとつとってもわずかな繰りかえしで進められるのが強調されることで、単調だという印象が一瞬たりともよぎることはないようになっている。最後には工場全体が、車のパーツすべてに生命が宿り、車たちがじっさいにみずからを組みたてはじめる魔法の王国へと変貌する。映画は「地球からの資源は、フォードに勤めている者と管理職、そして機械の手によって人間に仕えるものにつくりかえられる」というせりふで締めくくられる。流れ作業のもとでの生活にたいするチャップリンのグロテスクなまでの描写のほうが、おそらく真実にはずっと近かったろう。なにしろ、フォードは驚くほど急激に賃金アップせざるをえなくなったのだから。

フォードが名だかい日給五ドル制を導入する以前は、労働回転率は三七〇パーセントだった。これは、全労働者が一年にほぼ四回そっくりとりかえられねばならないということだ。高回転率の主たる理由は、労働者たちが失策をしでかしたからではない。平均的な労働者たちが金銭的な苦境に直面していたにもかかわらず職を辞したのは、仕事に耐えられなくなったからだ。フォードは、日給五ドル制によって単調さがまえよりも耐えられるものになると見こんでいた。平均的な一週間の収入はこの時点では一一ドルであった。「ウォール・ストリート・ジャーナル」紙は、日給五ドル制を「ばかげている」とあっさり切ってすてたが、「ニューヨーク・イヴニング・ポスト」紙は、逆にそれを「すばらしく寛大な行為」と評した。だが、どちらもまちがっていた。フォード自身はこの試みをみずから「とてつもないコストカットのふるまい」と呼んだ。流れ作業が驚くほどの生産性の増大をもたらした結果、フォードは従業員にたいして最大で四倍も、つまり日に二〇ドル支払うこともあった。それでも以前と同じだけの利潤は上がっていたのだ。

フォード的製造モデルの理想は、正確に同じ作業を遂行し、作業をおこなうたびにそこから最大の成果をもたらすという、まったくぶれることのない労働者だ。労働者たちは一箇所に居つづけ、機械のほうが動いてゆく。こうした手法にともなう問題点は、雇用主がしばしば彼らの望む以上のぶれのなさを労働者たちから引きだしてしまうことだ。給料面を別にすれば、自分の仕事にほとんど満足を見いだすことのない熟練技能をもたない労働者たちは、ときとともに反抗的になり、雇い主にたいして非協力的になってゆく。仕事の手順のなかで明示的に説明されていなかったどんな課題にたいしても、それをするのを嫌がるようになり、いっさいが交渉の対象となる。サボりさえ稀《まれ》ではなくなる。これはおそらくは、労働条件にたいする道徳的反抗であり、労働者をひとりとして人間あつかいしない工場システムのなかで、労働者が自己主張するやりかたのひとつとみなされるべきだ。

イマニュエル・カントの道徳哲学が、労働のこのような組織化において道徳的に問題とされるべきはなんなのかを見きわめる手助けとなろう。カントの立場からするなら、労働者はもちろんのこと、あらゆる人間は目的それ自体としてあつかわれねばならない。カントはこう書いている。「きみ自身の人格ならびにほかのすべての人格における人間性を、つねに同時に目的として用い、たんに手段としてのみ用いないように行為せよ」[3]。ここに言われていることの核心は、人格へ敬意を払おうということだ。カントによるなら、もし人間存在を、そこに人格が宿っているという点を別にすればなんの価値ももたないただの道具のようにあつかうなら、私たちはそんな人間になんの敬意もはらわなくなってしまう。注意されねばならないのは、私たちは人間を自分の目的のための手段として用いることが絶対にできないとカントが述べているわけではないということだ。たとえばある商品を提供してくれる相手にたいして代価を支払うときはいつでも、じつのところ私たちはその相手を目的にたいする手段として用いている。カントが言っているのは、私たちは人間存在をたんに手段としてのみあつかうのではなく、つねに同時に目的それ自体としてもあつかえということだ。そればかりか、私たちはその存在を人間たらしめているもの、すなわち自律してもしくは自分で指示をだして行動できるというその能力にたいしても敬意を払わねばならない。テイラーの科学的管理法のモデルとフォードの工場におけるその改良が、労働者の自律性にたいするいかなる可能性も認めていなかったことは、ことのほかはっきりしている。カントの立場からするなら、それは非道徳的とみなさざるをえない。

おそらくテイラー主義は、マルクスが描きだしたような、資本主義体制下での生産が生みだす悪の典型例だ。一九一三年時点での、テイラーの科学的管理法理論にたいするレーニンの見方は、全面否定であった。レーニンによれば、この理論は「同じ長さの労働日のなかで以前より三倍以上の労働力を労働者から絞りとろうとする」試みだ。[4] だが、レーニンの態度は翌年根本的に変化した。じっさいこう書いている。

テイラーのシステムは、その創設者がそれと知ることもあるいは望むこともないままに、プロレタリアートが社会的生産のいっさいを掌握し、労働者自身による、あらゆる社会的労働の適切な配分と合理化を目的とする委員会を定める時期を用意するものであった。[5]

この後数年のあいだにレーニンはこの確信をますます強めてゆき、一九一八年にはテイラー主義なしでは、ロシア革命の成功はおぼつかないと考えるまでになった。レーニンの意図は、テイラーのそれとは異なっていた。なにしろ、レーニンが望んだのは資本家の利潤が増大することではなく、労働効率がアップすることで労働時間が縮減されることであり、それこそが『資本論』第三巻でマルクスが提示した理想への第一歩であった。だが、若きマルクスであればおそらく、レーニンは労働者を疎外の最悪の形態に従属せしめていると非難したことだろう。じっさい、「左派共産主義」を名のる反テイラー派が共産党の内部に誕生したのだが、これに与《くみ》した人びとはレーニンによって「幼稚な暴動」で混乱を招いたかどで追放された。[6] スターリンもレーニンの見解に同調しつつ、こう述べていた。「アメリカ的効率性を取りこんだロシアの革命的発展にこそ、レーニン主義の本領がある」。[7] テイラー主義がソヴィエトの工場で完全なかたちで実現されることはなかったし、一九三五年には科学的管理法のずっと国産型ヴァージョンであるいわゆるスタハノフ運動が開始された。ソヴィエトの権威筋が伝えたところでは、この運動が原因となって生産量の驚異的な増大が実現したそうだが、じつはこの報告は後にまったくのデマであることがあきらかとなった。たしかに、この運動をきっかけとして生産量が増えはしたのだが、テイラー型を凌駕《りょうが》することなどおよびもつかなかった。そればかりか、テイラー型よりも「疎外」が減少することもなかった。

テイラーによる科学的管理法理論とそのロシアヴァージョンのいずれも、工場労働者を念頭

において つくられたものであった。二〇世紀の進展とともに工業社会が脱工業化社会にとってかわられると、その手の労働者はどんどん少数派になっていった。脱工業化経済では、ブルーカラーの仕事は減少し、ホワイトカラーの仕事が増大した。一九五〇年代のアメリカでは、すでにホワイトカラーの労働者がブルーカラーの労働者を数でまさるようになっていたし、こんにちではアメリカの労働者の八〇パーセントが、ホワイトカラーに数えいれられる。とはいえ、ブルーカラーもしくは工場労働者は、消えさりはしないだろう。ちょうど私たちが農耕社会を脱したからといって農民が消えさりはしなかったように。たんに、農民は労働者全体のなかではどんどんと周縁的な存在と化していっただけだ。「ホワイトカラー労働者」は専門用語としてあつかうにはそこにふくまれる個体数が多すぎる。もっと意味を絞って、情報処理を専門とする職に就いている人びと、すなわち「知識労働者《ナレッジワーカー》」を対象とするなら、いまやこの手の仕事についている人びとがアメリカの労働人口の半数以上を占めている。こんにちの社会に「典型的な」労働者と言えるひとが存在するとして、そうした人びとは自身の時間の大半を情報の処理に費やしている。ある型の労働者を「知識労働者」と特徴づけることにまつわる問題は、ほかの種類の労働にとっては知識が不可欠な要素ではないかのような印象を与えてしまう点だ。そんなことはもちろんない。そうした理解は、知識についての極端に狭い主知主義的概念に立脚している。アリストテレスが指摘していたことだが、知識にはさまざまな形態があり、どちらかといえば理論的な知識もあれば、実践的な知識もあり、実践的な知識でも知識であることには変わりない。私たちには力仕事をきちんと遂行するのに必要とされる知識量を不正確に見積もるきらいがある。知的仕事と力仕事との差異は、程度問題であって、両者のあいだに絶対的な差異はない。どんな仕事にも、この両方の要素がふくまれている。

労働の性格が変わるにつれて、管理の性格も変わった。たとえば、いわゆる「ソフトスキル」——これはあるひとがどんな類いの人間であるか、社交的なのか、協調的なのかなどを示す——が、技術的能力を意味する「ハードスキル」との対比で、ますます重視される傾向がある。「ソフトスキル」のほうが優位を占めるにいたった理由のひとつは、共同作業《チームワーク》が以前よりもずっと一般的になったことだ。チームは、たいていはある特定の目的を念頭において形成される以上、短命で終わる傾向がある。ふつう目的が達せられればチームは解散し、個々のメンバーはそれぞれに新たなチームなり新たな目的なりに移動してゆく。チームの一員としてきちんと機能しうるためには、私たちは、自身がチームを転々とするたびにともに働くメンバーが絶えず変わってゆくグループとうまく仕事をこなしてゆく能力をもたねばならない。このように私たちは、キャリアを積みあげつつチームを移ってゆくが、そのさいにはまえのチームで学んだスキルは新しいチームですぐにも使える用意ができているものとみなされる。ここでの基本モデルは、[生涯つづく]結婚ではなく、連続的な一夫一婦制だ。

「知識労働者」の出現とともに、「知識管理《ナレッジ・マネジメント》」というジャンルも出現した。ナレッジ・マネジメントという発想の背後にある中心的な発想は、労働者は自身の知識を属する団体のデータベースに譲渡しなければならず、それによって今度はその団体がこの知識をほかの雇用主に伝達できるようにならねばならないというものだ。これは、テイラーの科学的管理法理論の現代版だ。唯一のちがいといえば、いまやそれが肉体労働者ばかりでなく、知識労働者にも適用されるようになったという点だ。テイラーが述べていたのは、管理職が「それまでは労働者たちのあいだで伝えられてきたいっさいの知識を残らず集め、ついでこの知識を分類・整理して規則や法則、定石へまとめあげるという責務」をどのように引きうけるかという点であった。[8]ナレッジ・マネジメントとは、この原理を新たな領域へと応用したものだ。これは、自分の科学的管理法は政治的統治や大学運営もふくめてあらゆる種類の労働に応用されるべきだというテイラー自身の信念と完全に合致することであった。その根底にあるのは、知識は貯蔵可能であり、さらにそれをもっていないひとに伝達可能であるばかりか、価値ある消費財でもあるという考えだ。

あらゆる労働者は見たところ、自分たちにまかされている仕事をきちんとやりとげられるようになるためには、「管理され」ねばならないかのようだ。チャップリンの『モダン・タイムス』では、会社の社長が工場全体を見わたせ、全労働者を観察できるよう設置された監視カメラを所有していた。もちろん、労働者には社長が見えるはずもない。社長は浴室すら監視していた。ここで、だれの念頭にも想いうかぶのは、ジェレミー・ベンサムの考えたパノプティコンだ。パノプティコンとは、看守は全囚人を監視できるが、囚人のほうには自分たちが監視されているのかどうかがまったくわからないように設計された牢獄だ。ここでの核となる着想は、囚人には自分がいったいいつ監視されているのかがまったくわからないために、結果的につねに「きちんと」ふるまうようになるという点にある。ベンサム自身はパノプティコンを「前代未聞のスケールで、精神の精神にたいする支配力を獲得する新しいスタイル」と特徴づけていた。[9]

労働者をいかに管理するかは、そもそものはじまりから管理理論にとっての核心をなす問題であった。なぜ管理が重視されるかと言えば、雇い主と従業員が利害をともにするわけではないからだ。もし両者の利害が一致しているなら、管理の必要性はいちじるしく減少するだろう。とりわけ集団労働のヒエラルキーの最下層に位置する多くの職――その典型が、いわゆるマックジョブだ――においては、テイラー流の原理が依然として力をふるっている。そうした集団労働の階層でより高いところに位置する労働者についてはどうだろうか。こんにちでは、その手の労働者こそ歴史上かつてないほどの緊密な監視下に置かれている。テイラー主義の最新の応用例が、いわゆる「エンタープライズ・システム」だ。テイラーがブルーカラーにたいしておこなったことを今度はホワイトカラーにたいしておこない、あらゆる課題にかんして標準化を推しすすめ、効率をアップしようというわけだ。従業員たちは所定の手順にしたがうものとみなされており、そのばあいに管理職がおこなうのは、作業ペースの設定だ。それはまさにフォードの生産ラインの脱工業化型にほかならない。こうした事態がまざまざと見てとれる数少ない現場に、コールセンターが挙げられる。そこでは従業員たちは規格化されたマニュアルにしたがうものとされ、一回ごとのコールにたいして決められた長さの時間しか費やさない。コンピュータ・テクノロジーを駆使することで、管理職は従業員のおこなっている作業を一日中モニターでき、その成果がどのくらいであるのかなどもチェックできる。ここにははっきりと、近年のエンタープライズ・システムからテイラーおよびフォードがいだいていた理想にまで遡ることのできる連続性が認められる。

重役たちの多くは、絶えず新たな「哲学」を買いあさる。ときにそれは、もっぱらただの言いかえ――「管理」という代わりに「指導力」について語るように――でしかないこともあれば、ときには組織全体を変革すると見こまれたなにかを導入することでもある。管理にかんする近年の文献を見ていて私が得た一般的な印象は、それは一九六〇年代と一九七〇年代のカウンター・カルチャーのスローガン「自由と個性と想像力」の変形にすぎないのではというものだ。それはまったくのところ色褪せたヒッピーの決まり文句でしかないが、いまや企業向けに言いかえられているわけだ。それによれば、私たちは伝統に反抗的にして独創的、独立不羈《ふき》にして創造的で陽気でありながら、同時に「チームの一員」ともなれる。私たちはタフでありながら、情緒は安定していて、「ソフトスキル」を活用できるとされる。これらの性質は、ふつうであれば両立しにくいものだ。〔イギリスで二〇〇一年と二〇〇二年に放映された〕テレビドラマのシリーズ『ジ・オフィス』のなかでマネージャーのデイヴィッド・ブレントは、「チームプレイに徹すること。それを私は

『チームの個性』と呼んでいる。これは新しいぞ（中略）いわばマネージメントスタイルだ。つまりそれは罪深くて、ふつうじゃない——訴えてもかまわんぞ」と語るとき、それと知らずに真実をついていた[10]。

現代的なリーダーは、従業員に当人の仕事がたんに仕事であるわけではなく、自身の潜在能力を丸ごと実現し、「真の自己」となるためのファンタスティックな機会だと納得させる存在とみなされている。真のリーダーシップとは、トータルな存在としての一人ひとりの人間を中心にすえようとする活動であるそうだ。仕事における自己実現とは、自己がその専門技能をしかるべく超えたところにまで「アップグレードされてゆく」ことだ。当人のトータルな存在としての自己は、改善されるためにある。従業員は人格としては発展途上にあり、仕事をつうじてこの欠点は克服されてゆくはずだとされる。従業員は——当人の属している組織全体についても同じことが言えるのだが——その性別を問わず、絶えざる学習過程にある。それは仕事にふくまれるひとつの側面だが、同時に給料を得ることをはるかに超えたところにまでつうじてゆくはずの側面だ。つまりそれは、労働者が自己実現を果たしてゆく過程だというわけだ。テイラーの考えるリーダーモデルとは対照的に、現代的なリーダーはだれにもなにかをするようにと強制することはなく、むしろ従業員が自分を組織にとっても望ましいありかたにみずから変える気になるようしむける。企業はいまや、従業員に働くよう無理強いしたり、彼らのもともとの傾向と企業の利害とは根本的に調和することがないと頭から決めてかかるのではなく、むしろ彼ら自身のもともとの傾向やその個人的充実の追求を利用しなければならない。従業員と企業の双方の動機と目標とは、完全に調和するものとみなされている。管理職は、すべての従業員おのおのの心を掌握する。外部から労働者たちに訓練を課す代わりに、現代の管理職は彼らを内がわから動機づける。

フォード的枠組みにおける労働者たちには心が不要とされていたが、こんにちの多くの管理理論においては、労働者はみな心をもった存在だ。私たちはいまや共同体の文化を内面化し、企業の価値と「精神《スピリット》」を具現した存在とみなされる。程度の差こそあれ労働者を自動機械のようにみなしていたフォード流のパラダイムと比べると、こんにちの管理理論に認められる、労働者を血肉をそなえた存在とみなす方向への転換は、たしかに改善ではあるものの、ときとして現代の企業の管理戦略は、「ごく普通の」企業よりもむしろカルトのほうに似かよったもののように見えなくもない。私がこれまでに読んだ型破りな本の一冊に、イエスパー・クンデの『共同宗教』[11]がある。クンデの原理によって統べられている企業のなかでじっさいに働くよりも、不意に自分がファンタジー作家H・P・ラヴクラフトの恐怖小説のなかにいると気づくほうがずっと魅惑的だというのはそのとおりだろう。基本となる発想は、私たちは自分のブランドを信じなければならないということだが、といっても私たちはたんに自分がよい製品とともに働いている気になっているわけではない。ここでの信念とは、それに参加している者たちの「共同魂」としての企業スピリットへの全面的な信仰のようなものだ。管理や人的資源、企業文化やブランド化といった領域は、すべて一緒になってひとつの聖なる合一をもたらすものとみなされる。消費者はたいがい「信者」で、従業員は「伝道師」、ＣＥＯが「霊的指導者」だ。クンデ自身はおそらくメシアなのだろう。

　書店で、それもとくに空港で「リーダーシップ」と題された棚を見てみると、この手の発想の「芽」がごまんと並んでいる。たとえば、デイヴィッド・バロンとライネット・パドワの『管理のモーセ――あらゆる時代をとおしてのもっとも偉大な管理者からのリーダーシップにかんする五〇の教え』、ロバート・ディレンシュナイダーの『モーセ――ＣＥＯ：リーダーシップにかんする教え』、ローリー・ベス・ジョーンズの『イエスＣＥＯ――先を見とおすリーダーシップのための古代の叡智』、ステファン・ルドニッキの『重役のなかの孔子――古代の叡智、ビジネスのための現代的な教え』などなど。これらがちょっと「スピリチュアル」すぎると感じられるのであれば、もっと文学的なアプローチをしているもののほうがお気に召すかもしれない。たとえば、ノーマン・オーグスティンとケネス・アデルマンの『責められたシェークスピア――ビジネスという舞台でリードし、成功するためのエイボンの詩人〔シェークスピアの異名〕からのガイド』、あるいはジョン・ホイットニーとティナ・パッカーの『パワー・プレイ――リーダーシップと管理にかんするシェークスピアの教え』などなど。もしシェークスピアが高尚すぎるというなら、グロリア・ギルバート・メイヤーとトーマス・メイヤーの『少女のマッチはなぜ売れなかったのか？――童話に学ぶ実践マネジメント[12]』もある。さらに、「タフ・ガイ」を理想として掲げている書物も少なくない。たとえば、デボラ・ヒンゼルの『リーダーシップソプラノスタイル』、アンソニー・シュナイダーの『トニー・ソプラノの管理について』などなど。理解に苦しむタイトルのなかでも私の眼を惹いたのは、ウェス・ロバーツの『アッティラ王が教える究極のリーダーシップ』[13]とその続編『アッティラのフン族の勝利の秘密』だ。リーダーシップの秘訣をアッティラのフン族に求めるようなリーダーなど、真っ平御免だ。「階層社会では、すべての労働者は自分の無能さの程度に応じて出世する」という、いわゆるピーターの法則を裏づけるのは、この手のリーダーなのだろう。

実業界から法外な謝礼を提示されて講演を頼まれることがある。そうした講演の準備として、管理にかんするもっともよく読まれている著作を何冊か読むことがあるが、それは自己管理についてなにごとかを語るためにではなく、最近はどういった考えかたが聴衆のあいだで流行っているのかを知っておきたいからだ。そうした書物の「中身」は、はっきり言って退屈きわまりない。それらはたいていのばあい、若干の人目を惹くキャッチコピーと、キャッピコピーで表現されている大雑把な一般化を裏づけるはずのいくつかの実例ないし「事例」とからなっている。その主張のなかでしばしば「哲学」が引きあいに出されるが、じっさいには哲学者たちが哲学とみなすものの手前にしかたどりついていない。どうしようもない書物があるという事実は、それ自体ではたいした問題ではないが、始末におえないのは、それらが、「本物の」哲学書に期待できるものをはるかに超えるところにまで進んで、人びとの暮らしにリアルな影響を与えてしまうことがあるという点だ。たとえば、一九九〇年代に、企業の規模をギリギリのところまで切りつめるのが株主の利益を最大限にする手段であるかのようにみなされて、「ダウンサイジング」が流行りことばになったことがあったが、その結果はと言えば、失業者が街にあふれただけのことであった。そこで生じたのは、この手のアプローチがあまりに大雑把なものであったため、「ダウンサイジング」のすぐ後に「ライトサイジング」がなされ、一度は切りすてられた多くの職がふたたび復活したという事態であった。

管理にかんするこの手の書物には、その予言の成否が下されるまえに破綻してしまう傾向が認められる。このジャンルでもっとも成功を収めた一冊が、トム・ピーターズの『エクセレント・カンパニー——超優良企業の条件』[14]だ。出版から五年たってあきらかになったのは、そのなかで「エクセレント」と評された企業が、「エクセレンス」なところをまったく欠いていると同じ著者によって評された企業よりも著しく劣っていたということだ。ピーターズの主張した六つの「エクセレンスの尺度」を満たすのは、市場で敗者になるための最上の処方であったわけだ。ところが、この手の書物で与えられている勧告にしたがっても、なんの助けにもならないどころか真逆の結果に陥ることが少なくないという事実は、このジャンルの人気にはなんの影響ももたらしていないようだ。

二〇世紀の管理にかんする指導的位置を占めていたひとりピーター・ドラッカーは、賢明にもこう指摘していた。「私たちが管理と呼ぶことがらの大半は、人びとの勤労意欲をそぐこととによってなりたっていた」。「管理」されるということは、とてつもなく時間のかかる、そしてイライラのたまる結果をもたらすばあいがある。

『ジ・オフィス』のデイヴィッド・ブレントが考えられるかぎりで最悪の上司のひとりである主な理由は、当人のナルシシズムや頑迷さ、社会的技能の欠落にお寒いユーモア感覚といった要素ばかりにではなく、彼が管理にかんする膨大な量の書物に眼をとおした、というか斜めよみしていたというところにある。それによって、以前から箸にも棒にもかからなかった彼の判断力がますますダメになってしまったことはあきらかだ。ブレントが部下のやる気を奮いたたせるスピーチを披露しようと奮闘するエピソードは、CDプレイヤーでティナ・ターナーの「シンプリー・ザ・ベスト」をかけるところからはじまるが、それはテレビ史上もっとも陽気にして痛々しい場面のひとつだ。

　私は、管理にかんする理論がすべてひどいと言っているわけではないが、このところの「管理哲学」を気どっているあまたある安っぽいテキストを読まされると、むかむかせずにはいられない。見たところ、目下のトレンドは楽しむこと《ファン》だ。まさに私たちが、ビジネス書からはなにも得られなかったと考えるときに、仕事中にどうやって、またどうして楽しまねばならないのかを語るさまざまな、だがレベルの低い書物がぞくぞくと出現した。そのなかには、デイブ・ヘムサスとレスリー・ヤーキズの『仕事を楽しんで、最高の成果を上げる301の工夫』[15]やマット・ウェインスタイン『会社天国――職場を楽しくする52の方法』[16]がある。さらに、マネージメント・コンサルティングと称されるものが、それ以下のものが考えられないほどどうしようもないものだとうんざりするとき、「楽しみ相談役《ファンサルタント》」や「楽しみ調達人《ファンシリテーター》」の出現でさらなる不意打ちを喰らうわけだ。もちろん、仕事が楽しみとなる——それも結構な頻度で——ことはなくはないが、そうした楽しさは押しつけられるものではない。強制されたあるいは無理やりの楽しみなど、そもそも楽しみではない。数年まえに、あるプロジェクトに参加したことがある。そのプロジェクトは、未来の研究を意味する未来学のためのウェブサイトをつくることをめざしたものであった。能力のあるひとがたくさん集められ、私たちはこの仕事をすすんで、しかも無償で引きうけた。なにしろその仕事は、たいそうな楽しみであるように思われたのだ。不運にも、そのプロジェクトのリーダーが、楽しむというアイディアをくそまじめに受けとってしまったために、私たちはすべての時間を費やして「なにかに興じ」、「創造的」であろうとした。だが、いったいなんのためにこんなことをしているのかについての明確な見とおしはなかった。一年間このプロジェクトに参加した——その間ひたすら「なにかに興じ」たわけだが——ものの、じっさいにはなにもなしとげられなかったことがわかって、私は計画からおりた。全員がなにかに興じるだけでいっさい仕事をしなければ、倦怠に陥るだけだ。仕事中の楽しみにかんする新たなしくみを導入する誘惑に駆られている管理職には、そのまえに『ジ・オフィス』の全エピソードを視聴することが義務づけられるべきだ。そして願わくば、それがどれほどゾッとするような思いつきであるか、そのわけを理解しておいてもらいたい。

デイヴィッド・ブレントが言うには、「私のような上司には二度と巡りあえないだろう。生まれつきひとを凍りつかせる芸人《エンターテイナー》にはな」[17]。絶えず私たちを楽しませ《エンターテイン》ようと努める上司をもつのは、精神的拷問だ。楽しませようとして、従業員を子どもあつかいせずにちゃんと大人あつかいしようとするのは、デイヴィッド・ブレントの化身になろうと考えるよりははるかにましだ。

「管理」されることは、職業人生においてもっともストレスを感じることのひとつだ。想像をめぐらすのを許してもらえるなら、管理を、あるいは同じことだが、「リーダーシップ」を重視する風潮が、まだ当分は現代の職場にはびこりつづけるだろうし、おそらくはいま以上に高まってゆきさえするだろう。この点について、普通の従業員に対抗できることはまずなにもない。ただひとつできることがあるとすれば、せいぜい上司の発言に耳を貸すふりをして（時には理にかなった発言が聞けるかもしれない）、管理職の気まぐれが、別の気まぐれにすりかわることなく消えさるのを待つことくらいだ。

第6章

給料をもらうこと

給料はどれくらい欲しいだろうか。多いに越したことはない、というのがおそらく大方の答えだろう。事実上はだれもが、安いよりは高給を望むだろうが、たぶんそれは、給料が高ければそれだけ得られる満足も大きくなるものと考えているからだ。幸福――そうした調査でよく使われる呼びかたで言うなら、幸福感――にかんするリサーチからあきらかになるのは、高給と満足度とのこうした相関は、けっして自明とは言えないという事実だ[1]。貧困社会では、両者のあいだに比較的はっきりした相関関係が認められるが、社会がゆたかになればそれだけ、収入と幸福感の相関は弱まる。もっともゆたかな社会では、この二つのあいだにはいかなる相関も認められない。例外は、そうした社会にも存在する最下層の貧しい人びとだ。高収入によって幸福が若干増すことを示す研究もむろんあるが、健康や人間関係といったほかの要素ほどの影響を示すことはまずない。それは、金持ちにもゆたかな社会に暮らす平均的な収入の人びとにも等しく当てはまる。これはあきらかに収穫逓減《ていげん》に該当する。収穫逓減とは、〔収入があるレベルを超えると〕より多く働いても、はいってくる収入がそれに対応して増えてゆかないという事態のことだ。

ここでは、習慣も重要な役割を演じている。学生だったころ、私は年間七千から八千ポンドでやりくりしていた。これだけあれば、家賃、衣服、書籍、食事、酒にタバコをまかなうのに十分な額だ。奨学金の審査をする主任研究官になったとき、突如として年間約二万五千ポンドをもらえるようになったが、その最初の数ヶ月間はまるで札のプールで泳いでいるような気分だった。とはいえ、その感覚はそんなにはつづかず、ほどなく私はその収入レベルに慣れていった。いまでは、当時自分がどうやって収支をやりくりしていたのかさえ思いだせない。突然いまよりも二倍か三倍収入が増えたなら、おそらく現在の収入レベルではたちまち不十分になるだろう。収入レベルが上がることにはたちどころに慣れてゆき、それまでにおこなっていたやりくりの努力のほうは忘れてしまうものだ。年間七千ポンドから八千ポンドで暮らしていたころと比べて、いまの私はずっと幸福だろうか。それは疑わしい。収入がいまの私の二倍か三倍になったら、それだけ私の幸福感は増すだろうか。これまた疑わしい。

ほとんどのひとは、給料が二五パーセント上がれば、相当幸せになれるものと思いこんでいる。だが、ゆたかな国に暮らす平均的収入のひとと、二五パーセントそれよりも多い収入を得ているひとを比べてみても、平均してより多く稼いでいるひとのほうがその分だけ幸福だということにはならない。だから私たちが幸福を目標とするなら、たぶんより多くお金を得ることをあまり重視しないほうがよいだろうし、家族や友人とよい関係を保つこと以上に、金儲けに高い価値をつけることなどけっしてすべきではない。

給料はあなたにとってどの程度重要だろうか。自分がトータルでいくら稼いでいるかということと、他人の収入と比べてその額がどうかということと、どちらが重要だろうか。思考実験をひとつしてもらいたい。あなたなら、つぎの二つの仮想世界のどちらを選ぶだろうか。

（1）あなたは年間三万五千ポンド稼ぐが、ほかのひとは四万五千ポンド稼ぐ。

（2）あなたは年間二万五千ポンド稼ぐが、ほかのひとは二万ポンド稼ぐ。

ほかの条件は同じままだと仮定する。だからたとえば、あなたは世界（1）では、世界（2）で稼いだ二万五千ポンドをつかって買うことのできたすべての商品にくわえて、さらに一万ポンドを商品購入に当てることができる。あなたなら、どちらを選ぶだろうか。標準経済学理論にしたがうなら、答えは当然（1）となる。なにしろ、そのばあいには最大の購買力が得られるのだ。だが、相当数のひとは世界（2）に住むほうを選ぶと答えるだろう。ここには、多くのひとが自身の掛け値なしの収入の実質的な総額を放棄しても、みずからの相対的な収入のほうをより良くしたいと考えていることが示されている。

他人と比較して自分がどれだけもらっているかが、私たちにとって重要なポイントであることは明白だ。そこには、私たち自身の社会的地位、社会階層におけるみずからの価値が示されている。概して、労働時間に応じた給料をもらっているひとのほうが、年金生活者や主婦といった、時間に「自由」のあるひとよりも高く評価されがちだ。もちろん、例外はある。たとえば、麻薬密売人や売春婦が年金生活者よりも高く評価されることはまずない。宗教的指導者のばあいには、評価と報酬とのあいだにはっきりした関係はないようだ。ただし、その関係はときに逆転することがあり、そのばあいには宗教はビッグ・ビジネスと化して、眼にあまるものとなることがある。そうした例外を別にすれば、人びとが自身の時間と引きかえに請求するものと眼に見えるかたちでじっさいに得る「財産」とのあいだには、あきらかな連関が認められる。もちろん、そうしたあからさまなつながりなどまったくのナンセンスだと拒否することはできるし、じっさいそうすべきだろう。だが、それでもここには私たちの文化にそなわる社会的階層構造《ヒエラルキー》の特徴のひとつがあらわれている。すなわちここには、もしあるひとの時間がほかのひとのそれよりも（経済的に見て）高い価値をもつなら、それはそのひと自身がより価値のある人間でもあるからにちがいないという思いこみが潜んでいる。

給料をもらうことは、仕事についての私たちの考えの中核をなしている。しばしば私たちは仕事と趣味を区別するが、それはいずれもが同等の肉体的精神的努力を要するものでありながら、前者には給料が払われ、後者にはそれがないからだ。なにかをただで、つまり純粋に理想主義的な理由からやるひとは、もし給料をもらいはじめたなら、しだいにそれをすることに満足を覚えなくなってゆく。その逆になるのではないかと考えるひともいるかもしれない。なにしろ、自分の好きなことをやりつづけ、そのうえそれをすることで給料ももらえるとしたら、おそらくあなたは濡れ手で粟だと思うことだろう。だが、このばあいの問題は、これによって当人のその仕事自体にたいする関係が変わってしまうというところにある。つまり、この結果もともとはそれ自体で有意義であった活動が、意義をまったく欠いた賃労働になりさがってしまうのだ。この意味では、もっとも関心のあることを仕事にしないで、二番目か三番目に関心のあるものを仕事にして、一番の関心事が金銭によって「台なしにされる」ことがないように配慮すべきだろう。これは私自身の経験からの忠告だ。哲学を仕事としてしまったことで、それにたずさわることで感じられていたはずの個人的な満足感は眼に見えて薄れていった。幸運にも、私は別に新しい趣味を見いだすことができたが。

給料をもらうことが、仕事に就くうえでの最大の関心事であるとしても、そのことを仕事が仕事であるうえでの必須条件とみなすことはとうていできない。無給の仕事のあることはあまりにも自明だからだ。奴隷は働いていないなどと主張するのはばかげている。人類の歴史において奴隷制は、例外どころかつねに見られた。五つの早くから発達した農耕社会のうちの四つがなんらかのかたちの奴隷労働を土台としていたとみなされている。アフリカの人口の相当程度――少なくとも三分の一――が、ヨーロッパとアメリカでのおぞましい奴隷貿易のはじまるよりもまえから奴隷にされていたし、古代ギリシアとローマ帝国の経済は奴隷制に基礎を置いていた。概して奴隷制は、古代社会では自明のこととみなされていたが、ソフィストたちのようにこれに異議を申したてた哲学者たちも存在した。ゴルギアスの弟子であったアルキダマスは、「神はあらゆる人間を自由な存在としてしつらえたのであり、本性的に奴隷である人間などひとりとしていない」と主張したと伝えられている。だが、これは少数派の意見であり、主流派の哲学は奴隷制を容認し、それればかりか擁護さえした。少なくとものちにヨーロッパとアメリカの人間たちによって奴隷にされたアフリカ人たちに降りかかった恐怖に比べるなら、まだしもギリシア人とローマ人たちは、奴隷をきわめて人間的にあつかったとされるが、それでも奴隷が他人の所有物であったことに変わりはない。中世になって、奴隷制の多くが農奴制に移行した。そもそも奴隷と農奴が明確に区別できるのか自体はっきりしているとは言いがたい。ラテン語で農奴を意味するセルヴス（servus）は、「奴隷（slave）」の語源でもある。奴隷と比べれば、農奴のほうが若干の自由を許されていた。農奴は奴隷とちがって自由に売買される商品ではなかった。具体的に言うなら、主人から命じられた仕事をきちんと実行しているかぎりでは、どのようにそしていつその仕事をするかを決める自由が農奴には認められていた。のみならず農奴制は、法的に廃止されるようになるまでにそれなりの時間を要しはしたものの、最後には消滅していった。その消滅の主たる理由は、どちらかといえば人道的というよりはおそらく経済的なものであったろう。たんに賃労働のほうがいっそう効率的に思われたのだ。アダム・スミスのことばを借りるなら、「あらゆる時代、あらゆる国民の経験に照らして、自由人によってなされた仕事のほうが結局は奴隷によってなされたものよりも安くつくようだ」[2]。さらにスミスは、奴隷制を批判する道義的な論証をも展開しており、人間を「あらゆる面で最低の状態である国内奴隷」に切りちぢめて、「男女子どもを問わず人びとを、あたかも家畜の群れのように、市場で最高値をつけた者に売りはらう」ことの残酷さにたいして激しく抗議した。[3] だが、経済的な論証のほうが、道義的な論証よりも説得力をもつように思われる。こんにちほとんどのひとが奴隷制を過去の遺物だと思っているが、じっさいは昔以上にいまのほうがこの地上には多くの奴隷がいる。奴隷の相対数は過去のほうが多かったが、絶対数はこんにちほど多かったことはない。もし「奴隷」を暴力で脅されて逃げ場もないままに無給で働かされているひとのことだとするなら、いま現在世界中に約二七〇〇万人の奴隷がいる。[4] ほとんどの奴隷はインドとアフリカ諸国で暮らしているが、奴隷貿易の犠牲者は西側諸国にもいる。どこに住んでいるかによって奴隷ひとりの値段はかなり変動するが、国際的な平均はおよそ一〇〇ドルだ。

仕事と賃金の関係が必然的ではないことを示す別の理由は、単純な話、仕事のほうが貨幣よりもずっと古くから存在するということだ。私たちがたちどころに仕事とみなすことのできるものは、貨幣が発明されるよりも数千年前には存在していた。農耕業がその仕事だ。もちろん、農耕業がいつはじまったかを特定するのは容易なことではないが、組織的な農耕業は少なくとも紀元前一万年の、こんにちでは南イラクおよびシリアと呼ばれている地域にまでさかのぼる。その地で農夫たちが植物の栽培をはじめたのだ（一部には、ペルー人も同じくらい古くから、少なくとも紀元前一万年には農耕業をいとなんでおり、穀物とウリ類の栽培をしていたという主張もあるようだが、これには異論の余地がある）。そして農耕業はたちどころに周辺地域に波及し、はじめはエジプトに、それからインドと中国に広まっていった。紀元前五千年までにはとりわけシュメールにおいて、農耕業はますます洗練されて、複数の働き手がめいめいの能力に応じた作業にとりくむようになった。すでに分業が見られたようなのだ。

ここで重要なのは、この時点ではまだ貨幣制度が発明されていないとはいえ、こうしたいっさいが仕事とみなされるべきだという点だ。たしかに貨幣の発明は特筆に価する重大な出来事であり、ギリシア社会に貨幣が流通したことこそが哲学の誕生にとって根本条件であったと主張する向きさえある。その理由はこれによって社会関係が土台から変容し、非人称的な宇宙という観念が可能となったからだそうだ。[5] ガートルード・スタインはさらにさきまで進んで、「人間を動物から分かつものこそが貨幣だ」とまで主張した。これは少し言いすぎかもしれないが、核心を突いてはいる。貨幣は、その出現以前に可能であったものをはるかに超える複雑な社会関係が創造されるうえで不可欠な条件であった。貨幣の発展における重要な一歩は、それがもはや客体としての物に支払われるばかりではなく、労働にたいしても支払われるようになったときだ。この結果、労働それ自体が商品のひとつとなった。そして、そればかりでなく、それは貨幣という観点からの人びとの時間感覚の現代的な進化へ向けての最初の一歩ともなった。その行きついたさきがベンジャミン・フランクリンの「時は金なり」という主張だ。[6] このことばをその極限にまで推しすすめたのが、イギリスの経済学教授イアン・ウォーカーだ。ウォーカーは、時間の金銭的価値を示す公式化 $V=(W(100-t)/100)/C$ さえおこなった。この公式において、Vは時間の価値、Wはひとりの人間の時給額、tは税率、Cはその地域における生活コストを意味する。この公式を用いて、ウォーカーはイギリス人にとっての平均的な一分が男性にとっては一〇ペンス以上に、女性では八ペンスに相当することをあきらかにした。これにもとづくなら、歯みがきは三〇ペンスに、手洗いでの洗車は三ポンドに相当することになり、さらにはテイクアウトの食事を注文するほうが、同じものを自分で調理してつくるより安あがりになる計算だ。

こんにち私たちは、賃労働という考えかたにあまりに慣れてしまっているため、この考えかた自体がじつは長らく多くの労働者によって拒絶されてきたことをいぶかしく感じるだろう。最近の社会には賃労働がしっかりと浸透してしまっているため、それに反対する議論を展開するひとはほとんどいない。産業革命の時代を振りかえってみるなら、賃労働にたいする労働者の反発がきわめて激烈であったことがわかる。こうした対立の歴史的背景には、職人たちが長らくギルド〔中世ヨーロッパの都市で発達した特権的な同業者組合〕を形成しており、そのギルドが強い力をもっていたという事情が挙げられる。工場が設立され、そこで人びとが賃労働に従事するようになると、ギルドの影響力は低下していった。工場を設立することができたのは裕福な商人にかぎられていたが、ギルドのメンバーだった大多数の職人たちは工場と張りあえず、給料をもらう従業員となる道を選んだものの、そのことに激しい憤りを感じていた。工場での労働にたいするこうした反感の主たる理由は、言うまでもないことだが、それが少しも楽な仕事でなかったことだ。多くの工場主が、とりわけ子どもの働き手にたいして体罰をふるったが、その一方では罰金で手をうつ者もいた。罰金を科される理由には、怠慢、窓から外を眺める、ほかの労働者とおしゃべりに興じるといったものがあった。手を抜く余地などほとんどなく、監視は厳しかった。労働者を辟易させたのは、扱いの手荒さばかりでなく、自分たちがほかのだれかの意志に服従させられるという事実そのものであった。たとえそれが自分たちに給料を支払ってくれる者であったとしても、他人に責任を負う立場になることを望む者などいるはずもなかったし、「賃金の奴隷」という言いかたがあったことからもわかるように、多くの労働者がそうした境遇を奴隷ないし売春婦なみだと感じていた。

自分たちが製造したものが生みだす富とじっさいに自分たちに支払われる額との差異が雇用主の懐にはいる貨幣になるわけだが、労働者たちはしばしば、それはじつのところ自分たちから盗まれたものだと言いつのった。雇用主と従業員とのあいだの対立は、往々にして緊張関係になり、ときに暴力沙汰になる。この対立はしばしばずっと「洗練された」ものとなることもあり、そのばあいには労働者たちは「全面的自由」を勝ちとることよりも、給料がいま以上に上がり労働時間が短縮され、労働条件が改善されることなどを求めて交渉に臨んだ。しだいに労働者たちは、自分たちの「おかげである」いっさいを――つまり、余剰分が彼らから「盗み」とられているとしての話だが――自分が受けとれるかどうかよりも、自分たちの受けとる賃金が家族を養うのに十分な額であるかどうかのほうに関心を払うようになった。これはつまり、労働者たちが賃労働を受けいれ、それとともに雇用主と従業員という分割構造を受けいれたということだ。革命的マルクス主義の願いとはうらはらに、労働者たちはもはや資本主義パラダイムに反抗するのではなく、そのパラダイム内部で自分たちが置かれている諸条件を改善するというずっと慎ましい野心をいだくようになった。ということはつまり、労働者たちは自由と個人的な充実への要求の少なからぬ部分をみずからの消費者としての役割のほうに注ぎこんだということでもある。いまや主要目標は給料を上げることとなったのだが、それはそうするほうが消費の増大する可能性がどんどん大きくなってゆくからだ。

イギリスの作家アーサー・ヤングによれば、「階級の低い者になればなるほど貧乏なままでいるよりほかない。さもなければ彼らは勤勉に働かないということは、馬鹿でなければ誰でも知っている[7]」。このことばはしばしば引かれるが、この主張にたいするヤング自身の補足までふくめて引用されることはほとんどない。その内容はこうだ。「これはべつに、イギリスの貧しい人びとがフランスの貧しい人びとと同じままでいなければならないと言っているわけではなく、いま問題にしている国の国内事情に鑑みるなら、どちらの国の人びとも(全人類と同様)貧しいままでいるほかないが、さもないと彼らは働かないままだということだ」。これでもまだヤングはまちがっている。じっさい経済成長が実現すれば賃金も上昇することになるという理由から、実質賃金の上昇という論点を視野にいれた成長理論を定式化することで、貧困が避けがたいものだという想定を超えたところまで思索を進めた人物は、アダム・スミスをもって嚆矢《こうし》とする。スミスに言わせれば、賃金は最低でも一家族を養いそれなりの生活を可能にするだけの額でなければならない。事実、おそらくスミスこそが、社会的正義という観点からこの問題に一定の枠組みをしつらえた最初の人物だ。「付けくわえるなら、人民全体に食事と衣服と住まいをあてがう人びとが、自分たち自身もかなりたっぷりと食事と衣服と住まいを得るに足るほどに、みずからの労働による生産物の分けまえにあずかるのは、まったくもって公正なことだ」[8]。スミスの経済理論は、貧民にたいする彼の関心から生まれた。そしてスミスが資本主義を道義的に擁護するのは、長期的に見れば資本主義が労働者の条件の改善にもっとも効果の見こめるシステムだからだ。マルクスもスミスと同じ問題意識をいだいていたが、スミスとはちがって、資本主義は必ずや実質賃金の減少に行きつくというのが、マルクスの信念であった。この点ではスミスが正しく、マルクスはまちがっていた。マルクスの予言とはちがって、産業社会における実質賃金は減りはしなかった。じっさいはインフレ以上の急スピードで実質賃金は増大したのであり、それも政府による最低賃金の導入以前にそうなっていった。

給料はいくらくらい支払われるべきか。自由市場信奉者にとっては、その答えは簡単だ。すなわち、市場が支払いに同意する額に応じてだ。社会主義者たちは二つの異なった解答をもちだした。労働者は社会にたいしてなした貢献に応じるかたちで報酬を得るべきだと主張する者もいれば、他方で人びとはみずからの欲求に応じるかたちで報酬を得るべきだと主張する者もいた。マルクスはこのいずれの立場をも主張していた。というか、いっそう正確を期すなら、マルクスが主張していたのは、共産主義社会の初期の段階では、前者の立場を受けいれるべきだが、最終目標は後者の立場に行きつくことだというものだ。『ゴーダ綱領批判』内のよく知られた一節に、マルクスはこう書いていた。「各人はその能力に応じて、各人にはその必要に応じて」[9]。一見すると、これはよい考えのように思われるかもしれない。そればかりか一九八七年におこなわれた世論調査によるなら、アメリカの人口のほぼ半数がこの文章はアメリカ合衆国憲法に由来すると思いこんでいる始末だ。

　こうした手法につきまとうあからさまな難点は、各人の必要とはなんであるかを決めるのがとてつもなく困難だという点にある。この点にかんしてマルクスが述べているただひとつのことは、まえもって勘定にいれておかねばならない人間の数をどう見積もるかという問題だ。マルクスは能力を欠いているひとには言及していないが、おそらくそうした人びとがほかの人びとよりも多くを必要とするかもしれないことは進んで認めていただろう。そればかりか、なにが必要となるかは能力の欠如やそれに類することばかりでなく、社会的背景にも左右される。ゆたかな環境で育ったひとは、貧しい環境で育ったひとよりも、満たされるのにはるかに多くを必要とする。その結果、認められるべき要求は、ひとによって著しいちがいを示す。すべてのひとの個人的必要をもらさず把握しなければならないとしたら、そのシステムはとてつもなく複雑になるだろう。それがあからさまに不公平なことが露呈することもありうるだろう。

　この二つの中間的な立場で手をうつことも可能かもしれない。それは、賃金ないし社会保障というかたちで、だれにたいしても一定程度の収入は保証されるが、それ以外に市場のニーズに左右される仕事から得られる収入面での不平等は避けられないという、もっともありふれた、そしてたぶんもっとも妥当なものだ。そのばあいでも、最低賃金はどの程度であるべきかという問題は依然残るだろうが、ここではその問題には深入りしない。これは、一定のセーフティネットのついた能力主義システムだが、このセーフティネットからこぼれおちる者はひとりもいないと想定されている。大半のひとが能力主義的序列づけは公平だという直観を共有しているが、それはだれもがその貢献度に応じた収入を受けとるべきだとされているからだ。

ここから私たちは、本章の冒頭で論じた問題にたちもどる。他人と比べて自分がどれくらい給料をもらうべきかという問題がとても重要に思われるのは、そこに社会階層における私たちの「価値」が示されているからだ。だが、自分が給料体系の最下層にいるのでもないかぎり、収入が上がったからといって、それに応じて幸福感が増大するわけではないこともあきらかだ。いまの自分たちの収入でハッピーでいられないとしたら、収入が増えたからといってそれだけハッピーになれるとはとうてい思われない。昇進することもこれと同じ現象にふくまれる。もし昇進したなら、それは自分の価値についてなにごとかを示していると思える。だが、昇進によって私たちはそれ以前よりもハッピーになるだろうか。だれかが昇進したいと望んでいてそれが実現したなら、それによっていっそうの満足がもたらされたものとみなされるだろう。だが、驚くべきことには、じっさいにはその逆の事態が生じるというのが実情なのだ。最近昇進したばかりの労働者は、その分だけ満足が減っ《ヽ》て《ヽ》し《ヽ》ま《ヽ》う《ヽ》傾向にある。問題は、昇進の結果がさらなる昇進への期待につながることが少なくないというところにある。自分自身の絶対的状態をいくら変えてみたところで、私たちは他人との比較で決まる自分の相対的な状況については満足できなくなってゆくだろう。

そうなると、おそらく、昇進そのものを視野から消すべきなのだろう。私の友人にこのやりかたを採用した者がいる。彼は組織の梯子《はしご》のまさに一番下のところで、倉庫係を務めていた。彼の上司は彼を監督にしようと繰りかえし試みたのだが、そのたびに彼は、辞表を提出させられる恐れに直面しようとも、階層構造のなかで上昇することを拒んだ。なにしろ、彼の望みはただ、かぎられた責任しか負うことのない簡単な仕事につくことであり、そうすれば生きる楽しみを自分に与えてくれる、仕事以外のあらゆること――友人とともにすごすとか、短編小説を書いたり、作曲をしたりといった――に自身の関心を集中することができる。

こうした彼のやりかたが正しいともまちがっているとも、私には決めかねる。彼は仕事をもっぱら手段とみなす立場を採っており、仕事をたんに生計を立ててゆくうえでおこなわねばならない手だてとしかみていない。こうした見方からするなら、仕事には内在的な価値などゼロで、もっぱらそれがもたらす収入という観点からみて意味があるにすぎない。だが、仕事と私たちとの関係は、道具主義的な「つまり、仕事を金を得るための手段とのみ見る」かかわりに尽きるものではありえない。なにしろ、仕事をするなかで私たちは自己形成を遂げてゆくのであり、仕事とは私たちがなにものなのかを表現するための大切な要素だ。一日のうちの多くの時間を費やして何年もなんねんもおこなっていることによって、私たちはいやおうなく一個の人格としてかたちづくられてゆく。私たちが人生のなかのこれほどまでの時間を費やしておこなっていることがらが、ある意味で私たち自身にとって重要なことがらでないわけがない。あきらかに仕事は、たんなる金銭的な必要以上に必要なにかをかなえてくれるものだ。私たちの人生に意味を提供するという点で仕事が果たす役割は、はるかに根本的なものだ。さまざまな国のさまざまな大規模調査のなかで、ほとんどのひとがこれ以上働かなくとも人生を締めくくるのに十分なだけのお金を得たあとであっても、働きつづけたいと述べている。宝くじに当たった人びとでもたいていは、金銭的にはもうつづけなくてもよいにもかかわらず、仕事をやめない。仕事はたんなる収入の手段という以上に、実存的欲求をかなえてくれるものだ。だから、サミュエル・ジョンソンが「だれもが怠け者なのだし、さもなければそうなることを望んでいる」[10]と語っていたが、たぶんそれはまちがっていた。もちろん、潜在的にはだれだって、一生分の金銭が用意されて、もうこれ以上働かなくてもすむようになれば、なんとすばらしいだろうとことあるごとに考えはするだろうが、同時に、ただそれが実現したら自分の人生をなにで充実させたらよいのだろうかとも不安になるのではないだろうか。

第7章

飽食の時代の仕事

一九三〇年に、ジョン・メイナード・ケインズが「余暇《レジャー》の時代を、飽食の時代を不安をいだかずに待ちのぞむ」者などひとりもいないと書いていた（ジョン・メイナード・ケインズ「わが孫たちの経済的可能性[1]」）。そうだとすると、こんにち私たちはまさに「不安の時代」に生きていることになろう。だが、飽食の時代と余暇の時代とがちょうど同じ度合いで実現されたためしはない。ゆたかさのほうが余暇よりもはるかに増大している。

生産性は、第二次世界大戦後に著しく増大した。じっさい、二倍以上になった。原理的にはこのことは、私たちが五〇年まえに生きていた人びとと同じ生活水準を、当時の平均的労働者の半分働くだけで維持できるということを意味する。問題はこうだ。すなわち、いまあなたが現在の物質面での生活水準に満足し、これ以上そのレベルをあげるのを望まないとしたばあい、生産性が増大したことによって、いっそうの時間を余暇に当てられるようになったというのに、生産性の向上をさらなる余暇のために活用するのではなく、なぜ私たちは、以前にあった社会の観点から見るならとほうもなくゆたかになったというのに、さらに生活水準を向上させる道を選ぶのかという点だ。本書の平均的な読者は、過去に生きていた人びとの九九パーセントよりも、物質的豊かさという点では恵まれた状態にあるだろう。かつての王と王女はほとんど例外なく、現在のみなさんの物質的富の水準をうらやましがることだろう。もちろん、普段の生活をしているみなさんはそんなことは意識していないだろうが、それはたんにみなさんが現在の生活水準を当たりまえと思っているからだ。

私たちは余暇よりもショッピングを選んだ。かつて人びとは、自分なりの優先事項をもっていた。近代以前の時代と現代のはじめごろまでは、賃金が上昇すれば人びとがその分だけ働かなくなるようになることを示す顕著な証拠があった。産業革命以降になってもまったく同じように、給料をもらった後の最初の数日は仕事に来ない労働者が相当数いるという事態を、雇用者はたびたび眼のあたりにしたものであった。「余分なお金」つまり日々の暮らしにどうしても必要な分として支払わねばならない額以上のお金は、たいていは自分の物質的富を増すことにではなく、仕事を休むために使われていた。そのころとこんにちの私たちの優先事項はまったく変わってしまった。

一九五〇年代にジョン・ケネス・ガルブレイスが「ゆたかな社会」という表現を考案した[2]。当初ガルブレイスがこのことばを、私財の点では裕福だが公共財という点では貧しい社会を指すものとして、どちらかといえば皮肉をこめて用いていたということは忘れられてはならないだろう。ガルブレイスは個人消費の増大にたいしては批判的で、国家はむしろ資産を社会保障や教育などの充実のほうに振りむけるべきだと主張した。そうすれば、民間部門は眼に見えて縮小し、公共部門が拡張されるはずだ。消費にたいするこうした批判は、ソースティン・ヴェブレンのいまや古典となった『有閑階級の理論』[3]が示した道を引きつぐものであったが、両者のあいだにはあきらかなちがいがあった。ヴェブレンが描きだしたのが、少数者たちつまりとびきりの富裕層の繁栄からもたらされる効果であったのにたいして、ガルブレイスが描いたのは、大衆の繁栄によって特徴づけられる社会であった。ガルブレイスの「処方薬」が経済的な実効性をもつものとは思われなかったにしても、大衆の繁栄は社会の屋台骨に未曾有《みぞう》の影響をもたらすだろうというガルブレイスの主張については、これ以上にドンピシャリなものはないと言ってよい。

こんにちでは「ゆたかな社会」という表現には、少しの皮肉なニュアンスすら残っていない。ブリンク・リンゼイが、戦後期のアメリカの政治および経済についての卓越した研究である『余剰の時代』[4]のなかで指摘しているように、この時期に生じたもっとも重要な文化的方向転換は、希少性から余剰への動きだ。西洋諸国では生きのこるために闘わねばならないひとなどまずいない。じっさい人びとは、アイデンティティを確立しようとやっきになっている。消費はその実現のために不可欠な一部だ。飽食の時代にあっては、労働者たちはもはやブルジョワジーの転覆を夢みるのではなく、むしろブルジョワジーの一員になることでよしとする。もはや生産手段の管理など望まれず、自分たちの消費のための機会を増やすことにもっぱら関心は集中している。

これは、プロテスタントの労働倫理の本質的な側面である、欲求充足の先送りという観念がもはや忘れられてしまったということでもある。プロテスタントの倫理にしたがうなら、私たちは一生懸命労働にいそしみ、そののちに自分がまいた種の成果をあとから収穫する存在だ。セネットが指摘するように、新たな資本主義の近視眼的なものの見方は、「自己抑制の原理としての欲求充足の先送りを無意味なものにしてしまう」[5]。この観念に意味を与えていた制度的諸条件がもはや存在しない。私たちの労働生活におけるいっさいが、近視眼的なものの見方にもとづいていたとしたら、欲求充足への私たちの期待もまたそうであろう。私たちは、みずからが欲求にもとづいて費やしたものが早急に埋めあわせられ、充足がもたらされることを求めている。

欲求充足の先送りという観念がいっそうの意味をもつのは、それが、この地上での生活が私たちに可能なすべてだという文脈ではなく、死後の生という観念をともなう宗教的文脈に置かれたばあいだ。結局のところ私たちには、どんなつらい仕事でも帳尻が合うようになるものと想定される未来をこの眼で見るまで生きることはかなわない。私は、まいた種の収穫をおこないにゆこうとしたまさにそのときに、車にはねられてしまうかもしれない。あるいは、『奇跡のランニング』[6]の著者にしてジョギング・ブームの指導的存在であるジェームズ・フィックスと同じ運命をこうむるかもしれない。彼は、五二歳のとき日課のランニングをした後で、激しい心臓発作に襲われて亡くなった。恩寵という欲求充足がいつか私たちのもとにやってくるという保証はない。正直なところ、私たちはどのくらい待てばよいのだろうか。

ペット・ショップ・ボーイズの歌「トゥ・ステップ・アサイド」のなかで、ニール・テナントは労働者たちの行列について歌っている。彼らは、「長いこと働いて、いつまでも待っているよりは、別の種類の運命」を提供する力をもつ市場を待ちのぞんでいるのだ。[7] テナントがこれらの歌詞を書いたのは、ハンガリーを訪れたさいに窓に映ったハンガリーの労働者たちの姿を眼にしたときのことであった。興味深いのは、欲求充足の先送りという観念が資本主義体制にとってのみならず、共産主義体制にとっても本質的なものであったという点だ。どちらのばあいにも、どんなつらい仕事も報われることになるという未来の条件についての約束があった。資本主義がなおも発展するとともに、欲求充足の先送り期間はどんどん短くなっていったが、いっぽう機能障害を起こしていった共産主義経済下では、その遅れは逆に引きのばされていった。こうしたちがいがことのほか鮮明になったのは、冷戦の真っ只中の一九五九年に、当時副大統領であったリチャード・ニクソンがアメリカ産業博覧会開催のために、ソヴィエトの第一書記ニキータ・フルシチョフをモスクワに訪問したおりのことであった。ブリンク・リンゼイが『余剰の時代』のなかでこの歴史的な出会いの場面を描いているが、そこではニクソンの「世界最大の資本主義国家であるアメリカ合衆国は、富の配分という観点から、無階級社会に生きる万人にとっての繁栄という理想にもっとも近づいている」ということばが引用されている。[8] ニクソンは病的な嘘つきとして知られているが、このときはまさに真実を語っていた。モスクワにおける展示の中心となったのは、六部屋からなる平屋《ランチハウス》であった。ソヴィエトのメディアは、この家を「タージ・マハル」になぞらえたが、それはつまり、アメリカ人の一般的な生活の見本であるこの平屋が、まるでインドにおけるタージ・マハルのように受けとめられたということだ。じっさい、このランチハウスの価格は一万四千ドルであったが、これは普通のアメリカの製鋼所社員が三〇年ローンでまかなえる額だ。繁栄の度合いは、そのころと比べてさえ格段に速まりつつある。

マルクスの予言によるなら、労働者階級は資本主義下ではどんどんと貧困に追いやられ、生活水準はそれに応じて下がってゆくはずであった。イデオロギーによって眼を曇らされているのでもないかぎり、じっさいに生じたのがまさにその逆の事態であったことは明々白々だ。二〇世紀の終わりから二一世紀のはじまりにかけての時代は、めざましい経済成長によって特徴づけられる。その結果として、労働者であると資本家であるとを問わず、だれもがつい最近までと比べてさえ驚くほどに暮らしむきがよくなった。だが、資本家のほうが労働者の得た分よりもはるかに多くの成長の分けまえにあずかっていることも事実だ。利益のほうが給与よりもはるかに速いスピードで上昇しているわけだが、これが意味するのは、労働者たちの分けまえが相対的に減少しているということだ。これはとりわけ、いわゆる熟練を要しない労働者たちに当てはまる。こうした人びとは、経営者と比べてここ数年のうちに相対的には損失をこうむっている。だが、富のこうした相対的な損失をこうむっているひとたちでさえ、依然として事実上はつい最近までと比べてさえ暮らしむきは向上している。ここ数十年の実質賃金は、以前ほどには上昇していない。停滞しているか、若干減りつつある国も見受けられる。だが、生産性の向上や輸送コストが以前よりも下がったことによって、多くの消費財の価格が下がり、結果として購買力は増大をつづけている。

覚えておくべきもうひとつのポイントは、「貧困」とは静態的なカテゴリーではないということだ。西洋諸国でこの貧困というカテゴリーにずっととどまっているひとはほとんどいない。たとえば、ミシガン大学の収入動態に関するパネル調査の示したところでは、一九七五年から一九九一年までで毎年下から五分の一にいつづけたひとは、全体の〇・五パーセントにすぎず、一九七五年の時点でその位置にあったひとのうちで、一九九一年にも変わらずその状態にあったひとは五・一パーセントにすぎない。同様の結果を示している研究は、ほかにも山ほどある。西洋諸国に住む人びとにとって、貧困とはたいていは一時的な現象でしかないのだ。

この事実は、たとえば低賃金のイギリス人の生活を描いているポリー・トインビーの『ハード・ワーク——低賃金で働くということ』[9]や作者自身がある最低賃金の仕事から別の仕事へと遍歴する過程をひたすら綴っているバーバラ・エーレンライクの『ニッケル・アンド・ダイムド——アメリカ下流社会の現実』[10]といった著作のなかでは、たいがい無視されたままだ。この手の書物の著者はたいていのばあい、ほんの数週間、ときにはほんの数日同じ職場にとどまっただけで、すぐに同じように救いのない別の仕事への転職を繰りかえす。だから、これらの著者たちは自身の給料で生活のやりくりをつけることなどできっこないと決めつけてしまう。それは、救いのない条件で生きている人びとについてのゾッとするような描写であり、この手の職に就いている人びとはいつまでたってもそこから脱けだせないと言わんばかりだ。だが、トインビーやエーレンライクの描く「キャリア」は、どう見ても一般的なものとは言えない。ほとんどのひとが、ほんのわずかな給料しか払われない仕事からはじめるが、たいていはごくわずかのあいだに、しばしば数ヶ月のうちに経済の梯子を上昇してゆく。もしトインビーやエーレンライクが自身の低賃金の職への「寄り道」をさらにつづけ、もう少し長くそこにいつづけたなら、その給料は通例と同じくあっという間に上昇していただろう。もちろん、だからといって彼女たちの語りたがっているお話がまったくの与太話というわけではない。最低賃金がじっさいとても低いことや、最低賃金での生活がつらいものであることは言うまでもない。だが、最低賃金で働いているアメリカ人は二パーセントにも満たず、そのうちの半数は二五歳未満であることも忘れずに指摘されるべきだ。長期にわたって最低賃金で働いているひとはほんのわずかしかいない。最低賃金での生活がとてつもなく厳しいことに異論を唱えようなどというつもりは毛頭ないが、それはたいていのばあい一時的な状況にすぎない。

私が言いたいのは、最下層で生きている人びとはとてつもない苦境に耐えるしかないということではなく、往々にして私たちに示されがちなものよりももっとニュアンスに富んだイメージが示される必要があるのではないかということだ。ここ数十年のあいだに私たちが眼にしてきた発展に懸念が示されるのにはもっともな理由がある。なにしろ、そのなかでの貧困層の収入の増えかたはきわめてゆっくりなままであり、平均的な収入に恵まれた人びととの収入の増えかたに比べれば格段に下回るものであったのだ。そしてもちろん、この人びとにしても、はじめから富に恵まれていた人びとが享受した経済成長に比べればはるかに劣っていた。ここから、富裕層と比べたばあいの貧困層の資産にかんするいくつかの結論が導かれる。ハーバート・スペンサーが早くも一八八二年にこの問題にかんする診断を下していた。

富と名誉をめぐるこうしたますます激化する闘争に直接くわわる必要のない人びとでさえ、間接的にはこの闘争に駆りたてられている。なにしろ、この闘争からもたらされる結果のひとつは、生活水準の向上に、そしてうまくいったなら万人の平均支出額を上昇させることにあるのだ。幸運を獲得した人びとが贅沢に手を染めることで自身をきわだたせようとするのは、個人的な楽しみという面もなくはないが、たいていはそれを誇示することで賞賛を得たいという思いからだ。この手の人びとが増えればそれだけ、派手な消費をおこなって目だとうとする人びとに向けられる大衆の関心はヒートアップしてゆく。かくしてこの関心の高まりは、だんだんと下方へも波及してゆき、比較的ささやかな資産しかもたない人びとまでもが、住まいや家具、衣服や食事にもっと費やさねばならないと思いこむようになり、ついにはもっと収入を増やすためにはもっともっと働かねばならないと思いこんでしまう人びとが、「望ましい」存在であるかのようになってしまう。[11]

問題は、少なからぬ商品が社会的ステータスを示すものとして機能してしまうところにある。どんな商品にも多かれ少なかれそうしたところがある。そうした財の効用は、それが同種のほかの財とどんな風に比較されるかという点にある。きみが新品のDVDプレイヤーを買ったとしても、私が自分のブルーレイプレイヤーを見せびらかせば、私のもののほうがより進んでいるわけだから、きみのプレイヤーの価値は下がる。私が四部屋からなるアパートを買ったとしても、きみがピカピカの五部屋のアパートを見せつけてきたら、同じことになる。なにしろこのばあい、社会的地位の誇示という意味での私の部屋の価値は下がるのだ。このように価値の下がる理由は、価値づけの文脈の変化にある。貧しいひとがじっさいに物質的な富という点では驚くべき額の収入を獲得したとしても、やはりこうした人びとは相対的な損失をこうむらざるをえない。なにしろ、もっと高収入を得ていて、社会的地位の誇示という点でずっとレベルの高い価値をもつ財を獲得している人びとが存在している。どんな財も社会的にコード化されており、なにが生きてゆくうえでの必需品であるかを決めるのは社会的文脈だ。すでにアダム・スミスが、この点をみごとにあきらかにしていた。「必需品ということで私がイメージするのは、暮らしを支えるのに不可欠な日常品ばかりでなく、賞賛に値する人びとが、それればかりか最下層の人びとでさえ、それを欠くのは好ましくないとその国の習慣によってみなされるありとあらゆるものだ[12]」。なにが必需品に数えいれられるかに応じて、平均的な生活水準は上昇する以上、物質的なゆたかさという点で絶対的な賃金が増加しても、相対的な水準が低下してしまうことはいくらでもありうる。

過去五〇年の経済成長は驚異的なものであったが、先ゆきは依然不透明だ。飽食の時代の本質的な特徴は、物価の下落と賃金の上昇がつづくところにある。これではまるで、生産性が向上すれば商品とサービスは安価になり、その結果人びとが収入の範囲内でもっと多くを購入できるようになって、ついでこれによって雇用が促進され高賃金が得られるようになり、ここからさらに人びとがますます多くを消費できるようになるというサイクルの循環を説く標準的経済学理論そのままだ。それは、原因と結果の有益な連鎖であり、その効果はおみごととしか言いようがない。もしこの単純なモデルが真理のすべてだとしたら、私たちは、金融危機にいたるまでの年月と、それ以降の時代をとおしてどんどんと明瞭になってきた事態、すなわち現代の労働者たちがどんどん借金を増やしているという事実から、眼をそらしてしまうことになる。なぜそうなるのだろうか。物価が下がり賃金が上昇しているなら、原理上は貯蓄が増え借金の必要はなくなるはずだ。ではなぜ、こんにち私たちがどんどん借金を積みかさねているのか、その答えは、私たちのもらう給料にではなく、私たちのおこなう消費活動のうちにある。ほんの二〇年まえまでは、自身の収入の一〇パーセントを貯蓄に回していた世帯が、いまではまったく貯金していない。収入が増えているとはいっても、支出に回している費用のほうがずっとハイペースで上昇している。問題は貯蓄しないことだけではない。もうひとつ、クレジットカードを使う生活の問題がある。こんにちの主な問題は、自身の収入をはるかに超える金額を使う人びとがどんどん増えているという事態だ。クレジットカードを使う生活は、みずから招く隷従状態の現代版だ。大半のひとは、アメリカの消費者の負債がどんどん蓄積されつつあることをすぐにも思いうかべられるだろう。たしかにそれは、いまなお大きな問題だ。だが、平均的なイギリス人だって自身の年収を超える額を使っている。こうした事態はこれまでは経済には望ましいことであり、多くの雇用の創出に寄与してきた。だが、こんな事態が無限につづくはずのないことも明白だ。近年では破産宣告を受けるひとの数が驚くべき勢いで増加しつつある。

飽食の社会とは消費社会のことだ。ここから、私たちと仕事との関係にたいしていくつもの帰結が導かれるが、その含意は広大なものだ。消費社会では、私たちの社会的地位は、なにを生産できるかにではなく、なにを消費できるかという能力に左右される。

仕事ではなく消費こそが、社会的アイデンティティの形成にとって本質的な構成要素だと主張する論者の数は増えるいっぽうだ。アイデンティティの形成にとって消費が本質的だという主張はかなり新しいものだ。たとえば、スミスとマルクスの著作のなかでは、消費というテーマはほとんどあつかわれていない。アイデンティティの形成にかんするマルクスの理論は、生産労働によって人間の自己はかたちづくられるというものだ。つまり、私たちとは私たちのつくりだすものにほかならないというわけだ。これに倣《なら》って言うなら、消費社会においては、私たちとは私たちの消費するものにほかならない。この可能性を見越していたのが、G・W・F・ヘーゲルだった。ヘーゲルによると、私たちが労働をつうじて自己を表現するとは、自分の意志は外部の対象において具現化され、この外部の対象を媒介してはじめて自分がなんであるかがわかるという意味だ。さらにヘーゲルは、この過程は外部の対象を所有することで実現されるとも考えていた。ある対象を購入することは、外界をわがものとするひとつのかたちでもある――そのかぎりで、外界とは私たち自身の人格の拡張にほかならないと主張できる。[13] なにかを購入することで、私たちは「これこそが私自身にほかならない」と主張している。

たとえば、『有閑階級の理論』のなかでヴェブレンが「誇示的消費」と呼んだものをおこなうことで、私たちは自分がなにものであるのかを誇示している。誇示的消費者は、自身のお金を「浪費する」ことで社会的身分をひけらかしている。ヴェブレンの挙げている具体例のひとつに、スチール製の食器のほうがじっさいには使いやすいにもかかわらず、銀製の食器を食事に用いるケースがある。これ以上にあからさまな実例としては、消費活動におけるブランドの重要性が挙げられるが、ヴェブレンが『有閑階級の理論』を執筆していた当時は、まだブランディング［企業戦略としてブランドを構築し管理すること］は消費市場にそれほどの影響をもたらしてはいなかった。ヴェブレンの時代と比べてはるかに重要な変化は、彼が著作で対象としたのが経済的エリートであった――なにしろ、誇示的消費活動を実行するだけの余裕をもっていたのはそうした人びとだけだった――のにたいして、こんにちでは消費重視のふるまいは最下層の貧者を別にすれば潜在的にはだれもがおこなうものとなっている点だ。飽食の社会とは、「善良な市民たち」がショッピングによって自身がなにものであるかを見せびらかそうと躍起になっている社会だ。こうした消費の祝祭に十分に参加する手だてを欠いている人びとは、現代文化の少なからぬ部分から閉めだされることになろう。私たちの社会では、消費活動が自己実現にとって決定的に重要であり、自己実現こそが後期モダンの時代を生きる個人にとってもっとも根本となる活動だとすると、残念ながら貧しい人びとにはこんにちの文化規範に則って生きることはかなわないと結論せざるをえない。

それではそれ以外の、消費活動に十分参加できる人びとはどうなのだろうか。この人びとは、消費という手段をつうじて望ましい自己像をちゃんと実現できているのだろうか。『貨幣の哲学』[14]のなかでゲオルグ・ジンメルは、消費をアイデンティティの形成にとっての特別な領域として描いているが、それは人間の自己がさまざまな対象との相互作用によってかたちづくられるものだからだ。自己の形成には、客体を主体の自己概念のうちに象徴的に組みこむことが必要となる。ジンメルの言うところでは、この組みこみは主体がある対象をみずからつくりあげるばあいよりも、それを購入するばあいにおけるほうが難しくなる。対象と消費者とのあいだには、いっそうの象徴的な隔たりがある。さらにジンメルの言うところでは、現代世界には購入可能な対象が無限に存在しているが、いまや消費者はそれに呑《の》みこまれんばかりになっており、そのため組みこみという課題はいっそう困難になっている。だから、典型的な消費者は対象を自身の生活設計に組みこむことにしばしば失敗しており、その結果対象のほうが消費者を振りまわす事態となっている。

じっさいのところ消費は、アイデンティティの形成にとって利用しやすい手段ではないが、その点を埋めあわせる別の特徴を有している。ショッピングそれ自体がとても楽しみに満ちた活動であることを否定するつもりはないが、所有物がどんどん増えてゆくにつれて、それらのおのおのに費やせる時間はどんどん減ってゆき、結果的にそれらの重要性も失われてゆく。じっさいのところ、消費社会を「蓄積」という観点から特徴づけようとするのは誤解を招きかねない。「消費」のもともとの意味は、破壊することないしむさぼりつくすことだ。近年の消費のパターンは、このことばのもともとの意味に近づきつつある。なにしろ、もはや最近のそれは財の蓄積というよりは財のとっかえひっかえになっている。どの対象もつぎつぎに新しい対象に終わりなくとってかわられている。

驚くべきことに、スミスは消費について、それはなるほど「あらゆる生産活動にとっての唯一のゴールにして目的だ[15]」とは書いているものの、そのほかにはほとんどなにも書いていない。だが、ある一点にかんしてはきわめて明晰な見とおしをもっていた。

金持ちでも、食物の消費量にかんしては、貧しい隣人と大差ない。なにを食べるかを選び、その用意をするためには、金持ちのほうがいっそうの手間をかけ、凝るだろうから、質という点では両者のあいだに大きなちがいがあるが、量という点では両者はほとんど変わるところがない。だが、前者の豪華な邸宅や衣服と後者のあばら家やわずかばかりのぼろ着を比べてみるなら、両者の衣服や住まい、家財道具のあいだには、質の点でも量の点でも等しくはなはだしいちがいのあることがわかるだろう。食欲にかんしては、人間の胃袋に限界がある以上、だれにとっても等しく限界があるのにたいして、建物や衣服、台所用品に家具といった利器や装飾品への欲望には、限度もなければしかるべき境界線も見あたらない。だから、自分に消費できる以上の食物を好きにできる人びとは、いつでも喜んでその剰余分を、あるいはこう言っても同じだが、その価格分を食欲とは別の種類の満足を与えてくれるものと進んで交換するだろう。食欲という限界のある欲望を満たす以上の分は、満足させられることのありえない、それどころかまったくもって無際限であるように思われるこれ以外の欲望を楽しませるために供される。[16]

ここでスミスが指摘していることは、ジャン・ボードリヤールやジグムント・バウマンといった社会学者によって展開されている比較的最近の消費理論の核心にほかならない。消費が欲求に駆動されているばあいには、そこに限界が存在するが、それが欲望に駆動されているばあいには、その消費は無際限となる。終わりのラインがやってくることはけっしてない。私たちはいつまでたっても満たされることがない。イギリスのポップグループ「ザ・ザ」の歌詞を借りるなら、「俺はどこにでもいる西洋人だ。自分では満たせない欲望をかかえている」[17]。

消費だけからなる生活が私たちを満足させてくれることがありえないからこそ、仕事にはもっとちがった大切な役割が、すなわち意味とアイデンティティの本質的な源泉として機能するという役割が依然として残されているわけだ。生産中心の社会が消費主体の社会にとってかわられたという主張には、いくばくかの真理がありはするが、あくまでいくばくかのことにすぎない。じっさいには、本質的な変化は、消費がアイデンティティの源泉としての仕事にとってかわったというところにではなく、消費によって私たちと仕事との関係が変質したところにあるというのが私の考えだ。

消費という領域を統べている規範が、私たちが仕事になにを求めるかを決めるようになりつつあり、ついには伝統的な労働倫理が消費の倫理にとってかわられつつあるほどだ。まさにこの点に、近年の仕事にたいする態度のあまりに急激で根本的な変化が起きていることの主な原因があるのではないだろうか。『悦ばしき知識』のなかで、ニーチェがこう述べている。

報酬を得るために仕事を求める――この点では、文明諸国のほとんどあらゆる人間がいまや似たりよったりの事情にある。彼ら全員にとって仕事はひとつの手段であって、それ自体は目的ではない。だから彼らは、その仕事がゆたかな実入りをもたらすものでありさえすれば、仕事の選りごのみなどしない。ところで、働いても喜びが得られないくらいなら、むしろ死んだほうがましだと思う一風変わった人間もいる。それは、例の選りごのみするひとたち、なかなか満足しないひとたちであり、彼らにとっては、仕事それ自体がどんな収益にもまさる収益でないなら、ゆたかな実入りもなんのたしにもならないようだ。[18]

仕事へのこうした態度をニーチェは、少数の高貴な人間たちに特有のものとみなしたが、じっさいにはいまやどんどんありふれたものになりつつある。こんにち従業員になろうという人びとは、先行する世代がいだいていたのとは異なる期待をいだいている。すなわち、自分たちの求めるのは意味のある仕事であって、それはつまり私たちに自己管理の可能性を提供し、かつ私たちのアイデンティティをかたちづくり堅固にしてくれるものだ。仕事と消費とは、自己実現を求めるという本質的には同じ根本的な探究過程のなかにある二つの領域にすぎない。私たちはかなりの頻度で、新しい職を探し、その仕事を引きつぎ、そしてそれから離れてゆくというサイクルを繰りかえしている。私たちは仕事を「消費している」という言いかたさえできるかもしれない。そして自分の消費対象がもはや私たちを満足させるものではなくなればそれをあっさり捨てさるように、仕事にも同じ態度をとるようになる。新品の靴やテレビを買ったとしても、それほど遠くない将来にそれらを買いかえるのは眼に見えている。新しい仕事に就いたとしても、それほど遠くない将来にそれを辞めるか、別の仕事に転職するかするだろうことも眼に見えている。

私の父がその仕事に就いたころの常識は、会社には忠誠を誓え、そうすれば会社もあなたに忠誠を誓うだろうというものであった。こんにちそんな教えを信じているひとなどまずいない。もはや仕事には結婚と似たところなど少しもない（とはいえ、近年の離婚率の上昇ぶりを見るにつけ、仕事はいまやまさに結婚のようなものだと主張することすらできそうだ。仕事が長期的に変わらないままでありつづけることなど、もはやありえないだろう）。バウマンの言うところでは、「仕事という土台のうえに生涯にわたるアイデンティティを構築しようというもくろみは、大半の人びとにとって（少なくともさしあたってのところ、少数のきわめて高度な熟練を要する専門職やきわめて特殊な専門家をのぞけば）もはや意味をなさない」[19]。バウマンは、終身雇用という考えかたの消失が人びとに、その意志に反しておしつけられているかのように事態をみているようだ。だがここには、「古きよき時代」への若干の郷愁にとどまらないことがらがふくまれている。つまり、おそらくバウマンは、近年の労働市場において終身雇用が必ずしも人びとの求めることではなくなっているという可能性を見おとしているのだ。平均的な企業であれば、その従業員の半数が五年以内に別の会社に移ってゆくのを経験しており、だからどの企業も従業員を引きとめておくことにますます智恵をこらしている。こうした人びと全員に新しい会社に移るよう駆りたてる者などひとりとしていない。たいていのばあい彼らは、そうすればもっと給料がよくなるのではないかという漠然とした見こみから会社を渡りあるいてゆく。

ここで、アニメシリーズ『快適な生活——ぼくらはみんないきている』の進行役を務める犬のピックルの言いぶんに耳を傾けてみよう。

毎日働いていて、それが少しも楽しめない仕事なら、そんな暮らしは悲惨きわまりないだろう。自分で楽しめない仕事をつづけるなんて、なんでそんな仕事を辞めて自分でも楽しめる仕事をしようとしないのか理解に苦しむね。なにしろ、永遠に生きられるわけじゃないんだから、できるだけ愉しくすごしたほうがいいに決まってるし、働いているときにはその仕事を愉しめるものにすべきじゃないかい。ぼくは自分のしていることが気にいっているし、これまでに自分で愉しめない仕事をする羽目におちいったら、ただちにそんな仕事は辞めて、本当に愉しめる仕事をするようにしてきたもんさ。なにしろ人生は愉しく生きたいからね。[20]

これは有効な指摘ではあるまいか。仕事は愉しめるものであるべきだが、それは、私たちのかぎりある人生のうちの相当程度の時間が仕事にとられるからだ。だが、そうだとすると、目下の仕事とはちがう別の仕事のほうがもっと愉しめて意味を与えてくれるものである可能性がありはしないかという疑問が生じてくる。ここでの問題は、つぎに選ぶ仕事がじつは期待はずれに終わる可能性もあるわけだが、だからといってさらに別の仕事に移ったとしても、それまた期待はずれに終わる可能性も否定できないということだ。

　こんな想像をするのは夢がないかもしれない。だが、これは本当だろうか。若干の真実があるとしても、あくまで若干のことにすぎないだろう。仕事の満足度にかんするさまざまな研究からあきらかになるのは、自分の期待がはずれてしまう経験をする一番の原因がいつも自分の仕事にあるなどということはだれも経験していないということだ。仕事の満足度は西洋諸国では一貫して高く、その傾向は数十年つづいている。従業員の八〇から九〇パーセントは、自分の仕事にすっかり満足しているか、ほぼ満足していると答えている。もっとも若い世代と逆に高齢の労働者たちとでは、若干のちがいが認められる。若い世代の労働者たちは、わずかではあれかつてより満足を感じるようになる傾向にあり、高齢の労働者たちは逆の傾向を示す。だが、全体としてみたばあい、満足と答える人数は以前と変わりない。フルタイムで働いているひとも、パートタイムで働いているひとも、同じように満足と答えている。してみると、人びとはおおむねみずからの仕事に満足しているわけだが、それでいて離職率は年々上昇している。現代人は、仕事を愉しいと感じてはいるものの、いつまでもその仕事にしがみついていようとしているわけではないということになる。こんなことは、少なくともほんの二、三〇年前の労働者たちでは考えられなかった事態だ。私たちはいつでももっとよいものを、もっと意味を与えてくれもっと名声をもたらしてくれる仕事を求めてやまない――たんに変化を求めているだけかもしれないが。

私たちは依然として、仕事が意味とアイデンティティの重要な源泉だと信じて疑わない。これだけ物がありあまる時代に生きながら、依然として私たちは実存的な理由ゆえに仕事を必要としている。消費だけではこの実存的欲求を満たすことはかなわない。一部の人びとが主張するように、仕事の終焉が近づいているのだとしたら、私たちはどうすべきなのだろうか。

第8章

仕事とグローバリゼーション

オスローの自分のアパートメントのなかを見わたしてみると、室内に置かれているもので、ノルウェーもしくはEUのなかでつくられた製品がほとんどないことに気づく。この建物が建てられたのは一九二四年で、おそらく最初の所有者はノルウェーか少なくともスカンジナヴィアでつくられた家具や台所用具、照明に衣類そのほかを所有していたことだろう。口にいれていた食品の大半もノルウェーでつくられたものだった。それから一世紀ほどたった現在では、ノルウェーもしくは近隣諸国でつくられた製品はこの家のなかにはほとんどない。冷蔵庫に収められている食料の多くはノルウェー産となっているが、それらの原材料はといえば、パルメザンチーズはイタリアから、醤油はタイからといったぐあいに、たいていが輸入品だ。壁にかけられている芸術品のいくつかはノルウェーのものだが、さらに値の張る家具類はイタリア製で、高価な衣服や靴のいくつかもイタリア製か英国製だ。それにくわえて、私の所有しているもののほとんどはアジア製だ。ノルウェーのブランドであるヘーゲル社の最高級アンプもじっさいには中国製だ。高所得国家に暮らしているという歴然たる事実を別にすれば、私の家のなかに私の国籍を告げる品はごくわずかしかない。ひょっとして、外国でもまったく同じような家を見たことがあるかもしれない。まぎれもなくこれはグローバリゼーションの産物だ。

「グローバル・ヴィレッジ」という表現はマーシャル・マクルーハンに由来するが、彼がこの表現を思いついたのは一九六〇年のことだ。マクルーハンの考えでは、この先あらゆるものがグローバル・ヴィレッジという統一体のうちに溶けこむことになる。この星がひとつのグローバル・ヴィレッジだとしたら、そのなかには豊かな隣人も貧しい隣人も混じりこむことだろう。私の住まいにあるもののほとんどが、地球の裏がわでつくられたものであるとしても、そちらがわに暮らしている人びとのほぼ全員はまだこうしたものを購買する手だてを有していないだろう。だが、グローバリゼーションという事態の進行それ自体によってこうした格差は減少してゆくだろう。予見可能ないかなる未来にあっても、豊かな国もあれば貧しい国もあるという事態に変わりはないだろうが、グローバルな不平等はしだいに消失してゆくだろう。

ご存知のように、グローバリゼーションとは正確に定義するのが難しい用語だが、それが人びとやさまざまな組織、国と国とのあいだの境界や障壁を減らしてゆくことを意味していると言えるという点にかんしては、異論はないだろう。それは、多様な現象をあらわすための共通の用語であり、経済的・政治的・文化的といったそれぞれのグローバリゼーションは必ずしも同じペースで同じ道筋をたどって進展してゆくものではない。ここでは経済的なグローバリゼーションに話を限定したい。

これまでに二度大きなグローバリゼーションの波があったが、そのあいだにはさまっているのが二度の世界大戦と戦間期にまたがる期間だ。すなわち、最初の波は、産業革命の開始時から第一次世界大戦の勃発にいたるまでのもので、二つ目は第二次世界大戦終結後に、一九四七年の関税貿易一般協定（GATT）が締結されたことをもってはじまり、やがてそれは一九九五年の世界貿易機関（WTO）の形成へとつうじていった。最初の波と二番目の波との顕著なちがいは、後者においてはインターナショナルな移動がはるかに小さな役割しか果たさなくなったこと、具体的には資本の移動にはとくに制約がつけられなくなったが、労働者には地球上を移動する自由がきわめて制限されるようになったということだ。

グローバリゼーションは、先進国においても後進国においても、ありとあらゆる問題の原因になったとして深刻な批判にさらされている。そしてこの筋書きにおいては、とりわけ多国籍企業に敵役が割りふられている。反グローバリズム論者は、グローバリゼーションによって後進国では労働条件の低下が、先進国では賃金の低下が進行し、結果として先進国で失業者が増加しているとお決まりのように言いつのる。国内では労働条件の比較的ましな国々が、国際的な標準労働基準が下がることで他国との競合において負けを喫し、その結果比較的よりよい労働基準を維持している国々が競争力を高めるために労働条件自体を悪化させざるをえなくなるのではないかという懸念を表明する人びともいる。グローバリゼーションのもたらす帰結にたいして近年示されている憂慮の大半は、じつはすでに第一の波においてもあらわれていた。そうした憂慮はいまもそうであるように、かつても概して誤っていた。これから見てゆくように、グローバリゼーションはことによると後進国では労働条件の改善に役だつ。失業を惹きおこす懸念にかんして言うなら、おそらくなんらかの影響は認められるだろうが、近年の失業においてオートメーションが果たしている役割と比べるなら、相対的にささやかなものと言わざるをえない。ヨーロッパでは、失業の原因のおよそ五パーセントはオフショアリング［企業が自社業務を海外に委託すること］によって説明できる。アメリカではこの数字は一から二パーセントまで下がる。[1] 失業の主たる要因は、技術革新と倒産だ。グローバリゼーションの結果として先進国で給料が下がったことを示す証拠は皆無に等しい。オフショアリングは、業務を輸入する国のがわでは実質的な賃金アップをもたらし、理論上は、業務を外注するがわの国では賃金低下をもたらすはずだ。ここ数十年で見るなら、多くの先進国で実質賃金はアップしていない。事実、アメリカなどの国では、生産力が向上しているにもかかわらず、実質賃金は下降線をたどっている。とはいえ、この情勢をもたらした第一の原因がグローバリゼーションであったとは思われない。先進諸国における労働条件の悪化について言うなら、そんなことは起こっていなかったし、仕事への満足感は少なくとも以前と同じくらいのレベルは保っていることを示す証拠も十分にある。

古くからある経済理論であるヘクシャー＝オリーンの定理によれば、労働条件は時間の経過につれてグローバル化した世界内では均等化してゆくものと予測される。この理論が土台としているのは、『経済学および課税の原理』において提示されたデヴィッド・リカードの比較優位にかんする理論だが、ここではリカードの理論の詳細に立ちいるつもりはない。ヘクシャー＝オリーンの定理によれば、グローバル化した経済はほかの国よりも安価で製造できる財と商品の生産にいっさいを特化する国々からなるものとなろう。A国がB国よりも安価に米をつくることができ、一方B国はA国よりも安価に織物を製造できるとしたら、A国は米を輸出して織物を輸入し、B国は織物を輸出し米を輸入するものと私たちは考えるだろう。同様の考察は、賃金と労働条件にも当てはまる。A国に労働者が余っていて、B国では土地が余っているとしたら、A国では賃金が下がり、B国では土地が安くなるだろう。そうなるとつぎには、A国の労働者はB国へ移住し、より高い給料を得るようになるものと予測される。もちろん、大前提としてこの労働者たちにB国への入国が許されていなければならない。この結果、A国では給料が上がり、B国では下がるだろう。労働条件についても同じことが言える。B国のほうがA国よりも労働条件がよかったなら、労働者はA国からB国へ移住することだろうし、これが圧力となってA国は労働条件を改善せざるをえなくなるだろう。そうなると、移住になんの制限もつけられることのないグローバル化した世界では、給料水準や労働条件の差異は縮まっていって長期的にはいずれも解消されるものとみなしてよいだろう。こう言ったからといって、私たちがゼロサムゲーム「参加者の得失点の合計がゼロになるゲームのこと」を話題にしているわけではないことは付言しておこう。グローバル化した市場で、一国がその比較優位から利益を得ているとき、概してそこでは生産性も増大し、その結果としてついで給料水準も向上し、労働条件も改善されてゆくことだろう。

なによりも移住が無制約に許可されているとは言いがたい状態にあるという現状に代表され

るいくつもの明白な理由からして、この理論をそくざに証明する方法は存在しない。私たちにテストできそうなもっとも手ぢかなことがらといえば、ほかの国よりもグローバリゼーションにたいして門戸を開いている国が給料水準や労働条件の改善を実現しているか、それとも悪化してしまったかを見てみることだ。その証拠はきわめてはっきりしている。給料や労働条件、労働時間に安全性、労働中の健康状態などを考察してみるなら、概してそれらの条件は昨今のグローバリゼーションの波のなかで悪化してはいない。[2] それどころか、労働条件は概してグローバル化の進んだ国のほうがそうでない国におけるよりもはるかに向上している。外資系企業が後進国において地場産業にかかわったばあい、たいてい給料は著しく上昇する。つねにではないにしても、往々にして労働条件も改善される傾向にある。この数十年で、世界規模での貧困がかなり減っていることも、グローバリゼーションが概して最貧困層にとって恩恵をもたらしていることを示唆している。不平等にかんしてはどうだろうか。これにかんしては二つの傾向が認められる。不平等は国内では増大し、国と国とのあいだでは減少しつつある。私たちの主たる関心はより大きな規模でのグローバルな平等にあるわけだから、処方箋はグローバリゼーションの流れを止めることよりも、国際的なレベルでの移住を増やすほうに求められるべきであろう。

ほとんどのばあいグローバリゼーションが恩恵をもたらすもののように思われるとしても、それはある面では敗者を、とりわけ先進国における低技能労働者層および平均的技能労働者層に敗者を生みだしている。これは、ヘクシャー＝オリーンの定理にもとづいて考案されたストルパー＝サミュエルソン定理によって予測されていた。このモデルにしたがうなら、先進国は高い技能を要する生産物を輸出し、低い技能しか要さない生産物を輸入する。それは先進国における低技能労働者の給料に悪影響を与える。じっさいそうした効果は観察されうるが、大半の専門家がそうした影響を、オートメーションのもたらしたそれに比べれば相対的にささやかなものだとみなしていることも付言しておかねばならない。

多国籍企業の役割を誇張する傾向もまた見られる。むろん、多国籍企業の存在は無視しえないものだが、世界の労働者のうちでそうした企業に雇用されている者は一〇パーセントにも満たない。[3]多国籍企業の給料が高いことを示すたしかな証拠は存在するが、そうした企業における労働条件が全体的に水準以上なのか以下なのかを示す体系的な証拠は存在しない。ある綿密な調査によるなら、そうした企業はたいていは非政府組織（NGO）の監視下にあるが、だからといってそれらの企業の大半が、自社の利益を度外視してまでも、労働条件の改善に努めていると推測するのは理にかなっていない。

グローバリゼーションがもたらすのは不確実さだ。なにしろ、いまや働く場所は地球上のどこにでも移動可能なのだ。給料や労働条件、職に就ける可能性などにかんして国によって差異があるかぎりは、労働者たちは国を渡りあるくことを厭わないだろうし、ビジネスのためには生産拠点を別の国へ移すことも当然の選択肢となる。どんな種類の仕事がオフショアリングされているかを知らされて、ひどく驚かされることもしばしばだ。書籍の旧版をスキャンする仕事をしているノルウェーのある出版社は、読みあわせチェックの仕事をインドに、それもノルウェー語をひとことも解さず、そのため、あらゆる単語を一から辞書でひかねばならない作業者に外部委託《アウトソーシング》していた。それでもノルウェーの作業者に頼むよりも安くつくからだ。先進国における労働市場は、世界規模の競合にあわせて調整される必要がある。なにしろ、財とサービスは別のどこかでより低価格で生産されうるのだ。後進国は後進国で、ほかの後進国との競合に直面する。ある後進国で賃金水準が上がると、失業のリスクにさらされる。さらに安い賃金水準にある国がまだほかにいくつもあるからだ。先進国の労働者たちは、後進国におけるより安価な労働力によって賃金カットの憂き目にあい、少なからぬ生産活動が海外に移される。その結果、後進国では給料が上昇し、ついにはその国に生産活動を移すメリットが失われてゆく。給料が上がったことによって、生産活動をオフショアリングすることが先進国でのビジネス活動にとってそれほどメリットをもたなくなってしまうことがある。その結果、さらに新しい動向として登場したのが「リショアリング」、すなわち生産拠点があらためて先進国内にもどされるという事態だ。だが、この傾向を過大評価すべきではない。それがいくら進行しても、最初に海外に移された仕事のすべてがリカバリーされるところまでゆくことはまずないからだ。

グローバリゼーションは、このさきも先進国におけるいくつかの仕事の消滅を招きつづけるだろう。だが、重要なのはただ失われた仕事の総量を嘆くことではなく、いかにして新たな仕事を創出するかだ。こう言うと、全般的な雇用は増加しているかもしれないが、それは生産拠点が海外に移されているのと同じく、どこかよそでのことではないかと言われるかもしれない。その論拠は、雇用はたとえばアジアでは増加傾向にあるかもしれないが、ヨーロッパでは減少傾向にあるということだ。だがじっさいには、オフショアリングはときとして国内における職員の数の増加を招くことがある。これはとりわけIT部門ではっきりと報告されており、ナリマン・ビーラヴィッシュやノーベル賞受賞者でもあるローレンス・クラインといった経済学者たちの研究によるなら、オフショアリングの結果アメリカ国内では雇用が増加し、労働者の実質賃金も上昇している。[4] いくつかの事業を海外に移すことで、会社は利潤を得て、事業を拡大し、スタッフの数を増やす機会を得る。たとえば、二〇〇三年にデルタ航空は一〇〇〇のコールセンター業務をインドにオフショアリングすることで二五〇〇万ドルを節約し、それを使ってアメリカ国内で一二〇〇人のセールスマンを雇いいれた。概してグローバリゼーションは、それによって消滅したよりも多くの職を生みだしているように思われる。だからといって、その犠牲になった人びと、すなわち世界のどこか別の地域ではるかに賃金が安いために、「自分の家」をもちつづけることもままならないような類いの仕事に就いている労働者たちから眼をそらしてよいというわけではない。

これまでのところ、仕事の海外への移動先の大半はアジア、とりわけ中国とインドだったが、アフリカへのオフショアリングも少なくない。こうしたアウトソーシングとオフショアリングによって、どれくらいの雇用の喪失が生じているのだろうか。一九七〇年から二〇〇三年で、G7諸国では織物業の労働力の六〇パーセントが削減された[5]。衣類製造のコストにかんして、中国の企業に太刀打ちできるヨーロッパの企業はない。だからヨーロッパの企業はビジネスモデルを技術とデザインに転換せざるをえなくなった。同じような展開は家庭用電化製品や玩具などにかんしても生じた。

製造業におけるこうした衰退は、先進国の雇用状況にとってとりわけ大きな問題というわけではない。金融危機の起きる以前に眼を向けてみるなら、OECD諸国においてサービス業で創出された新しい雇用は、産業全体で失われた雇用の数を上回っていた。オフショアリングされた仕事は、たいていが高い技能を要せず、あまり労働意欲もそそらないものであった。そうした仕事にかかる費用を節約した分が、新たな雇用の創出に回されたわけだ。さらに近年になってのオフショアリングでもっとも成長した業種は、サービス業だが、それはすでに一九六〇年代から、そしてそれ以来継続的にほとんどの製造業が低賃金の国々へすでに移されていたからだ。先進国においては、もはや製造業の数の面での衰退は起こらないように思われる。とりわけインターネット網の著しい発達によって、いまやサービス業におけるグローバルな競合が生じている。

これまでのところ、もっぱら労働者ではなく労働つまり仕事の移動を話題にとりあげてきた。すでに指摘したように、グローバリゼーションの第一の波と比べたばあい、第二の波においては労働者の移動にかかわる現象はきわめてささやかな役割しか演じていない。こんにち世界中で二億三千万から二億四千万人ほどの祖国を離れて生活する移民がいるが、その大多数はすでに雇用されているか、雇用を求めているかだ。だが、この人びとが世界全体の人口のうちで占める割合はごくわずかで、それに応じてグローバルな労働力におけるその役割もかぎられている。移民たちのなかには季節労働者もおり、一時的な労働者不足をまかなう役割を果たしている。そのいっぽうで、ずっと外国にいつづける移民ももちろん存在する。移住先となる八九の国と一億一千万人の移民を対象としたＯＥＣＤのある研究によるなら、これらの移民の四三パーセントは低レベルの技能しかもたず、並みの技能をもっているのは三五パーセント、高度な技能の持ち主は二一・五パーセントだ[6]。並のもしくは高いレベルの技能を要する仕事よりは低い技能しか要さない仕事に就く傾向が移民には認められ、だから移民は、たいていは自分たちの仕事に必要以上に熟達してしまっている〔つまりその能力を十分に発揮しているとは言いがたい〕。低い技能しか要しない職に移民が占める割合は、増加傾向にある。一九九七年、イギリスではそうした職に移民が占める割合は七パーセントだったが、二〇一四年には一六パーセントにまで上昇している[7]。概して移民は、就職先や職種を変えることにあまり抵抗を示さない。それは労働市場のフレキシビリティにとってはメリットとなる。移民は、その地域の給料水準にたいしてはちょっとした影響しかもたらさない。経済的な観点からするなら、こんにち国際的なレベルでの移民がかなりのところまで規制されていると聞くと驚かれるかもしれない。なにしろほとんどすべての経済学者が、国にとっては移民を受けいれるほうがメリットが大きいと認めているのだ。移民は労働の供給量を増し、経済の規模の拡大に貢献する。もちろん、これは全般的な所見であって、例外は少なからず存在する。移民がもたらす経済的恩恵は、その国が受けいれる移民がどのような存在であるかに、たとえば彼らの教育水準といった要素にかなり左右される。

国籍のちがいを超えて、しかも異なった時間帯でともに働く労働者の数はどんどん増えてゆくにちがいない。だが、たいていのばあい私たちは、日々の暮らしにグローバリゼーションからもたらされる衝撃が相当なものだなどと感じることもなく、自分の仕事に精を出している。おそらくグローバリゼーションのもたらす影響を肌身で感じているのは労働者ではなく消費者としての私たちだろう。こう言ったからといって、グローバリゼーションそれ自体は、たとえば自分の仕事がオフショアリングされて失業してしまうといった否定的なかたちでしか実感されないものだなどと言っているわけではない。

先進国においてこんにちもっとも危険にさらされている職業は、秘書やマネージャーといった、給料水準にかんしても技能水準にかんしても中程度の仕事だ。こうした職種は、グローバリゼーション以上にオートメーション化によっていっそうの危険にさらされる。働くことにマイナスの影響をもたらす主要原因となりうるものがあるとしたら、つまりもし私たちが先進国において「労働の終焉」のはじまりに立ちあっているとしたら、その原因を求めるべき先は、グローバリゼーション以上にこんにち生じつつある技術上の革新だろう。

第9章 仕事の終焉？

私が故郷であるモスを離れてからもう二五年近くになるが、そこに住む家族のもとへは頻繁に訪れている。この数十年のあいだに、根本的な変化が進行した。すぐにわかるのは、一日の終わりに工場の門をあとにする労働者の数が減りつつあることだ。もはやタンカーが造船所から出てくることもなくなり、つづいてガラス工場とコンクリート工場が閉鎖してしまったことがさらなる追いうちとなった。この町を特徴づけているにおいの源である製紙工場こそまだ残っているものの、それを別にすれば、この街がかつて工業街であったことを教えてくれる工場は、もはや無きに等しい。たぶんこう言うと、小さな工場街から工場が姿を消して大量の失業者が出現したことにまつわる悲惨な話がはじまるのかと思われるかもしれない。だがじっさいには、モスにはほとんど失業者はいない。工場が閉鎖して以降、その状態に変わりはない。新たな雇用が創出され、それらがかつての雇用にとってかわったのだ。昨今のモスは、ときに程度の差こそあれ、巨大なショッピングタウンのように見えるし、私が古き工場群に郷愁を感じる――工場は、私にとっていつでもある種の趣《おもむき》を感じさせるものだった――にしても、産業社会から脱工業化社会への移行はいとも容易なことだった。

モスは、現代アートのフェスティヴァルを主催している。数年まえのこと、寂れたかつての工業街でフェスティヴァルが催されることを聞いたある善意の芸術家が、仕事を失い一日中無為にすごす羽目に陥った貧しい人びとのために、ある催しをおこなおうと考えた。その催しは「失業者のための映画」と題され、その中身はといえば、かつて映画館で上映されたものの、失敗に終わった何本かのハリウッド映画がメインだった。それは、失業しているからといってまえより暮らしがひどくなったわけではないことをしゃれのめしてみせようという意図から発したもののようであった。芸術家は、その催しに添えられるカタログになにか書くよう私に求めてきた。私は、おそらくほとんどだれも映画を観にはこないだろうと予言する内容の短い文章を書いた。私のことばの正しかったことはじきにあきらかになった。上映会が催された三週間のあいだ、ごくわずかの人びとしか観にこなかった。そのほかの人びとは、どうしていたのか。彼らは働いていた。なにしろ、街には失業者はほとんどいなかったのだ。この点で、モスには変わったところは少しもない。西洋諸国を覆っていた趨勢《すうせい》は、外部委託《アウトソーシング》と労力節約の技術によって消えていった仕事があるにしても、失われた以上の新しい仕事が創出されているという状況であった。

これを執筆している二〇一五年八月の時点で、OECD諸国における失業率は平均で七・三パーセントで、ユーロ圏では一一・五パーセントだ。この数値が並はずれて高い国もある。最近のスペインでは二四・二パーセント、ギリシアでは二六・二パーセントが失業している。歴史的に見ても近年の失業者数はかなりの数にのぼっている。だからといって、古き「良き」時代をいくら懐かしんでみても、一八五〇年のロンドンの失業者数をまえにしてはなんの意味ももたない。ある算出によれば、その数は四〇パーセントに達していた。こんにち、十年前と比べてこれほどのひとが失業している主な理由は金融危機だ。とりわけ南ヨーロッパの若者たちがひどいダメージをこうむった。いまや若者の失業率は、ギリシアでは五八・三パーセント、スペインでは五五・五パーセントにまで達している。金融危機が過ぎされば、たぶんこの数値は下がってゆくだろうが、それがいつどれくらいのスピードでやってくるか、正確なところはだれにもわからない。アメリカのように雇用の創出が積極的に推しすすめられている国もいくつかあるが、これが長期的な傾向になるかどうかもわからない。失業におけるこうした近年の危機的状況の原因がアウトソーシングと技術革新にあったわけではないことも述べておくべきだろう。

過去の発展と現在の発展とが、未来の発展にとっての参考になるなら、憂慮すべき理由などなにもないし、失業もやがて減ると、信じてよいことになる。だが、過去と現在がまったく参考にならないという可能性も否定できない。なにしろ、私たちは仕事をとりまく環境全体がそっくり変化しつつある状況にさらされているのだ。こう考えているのは、ジェレミー・リフキンだ。彼は、『大失業時代』[1]という著書のなかで、仕事の未来にたいする悲観的な展望を示している。リフキンにしたがうなら、コンピュータはすさまじい勢いで仕事を奪ってゆく。これは本質的には、仕事そのものが機械化されてゆくにつれて、機械が人間にとってかわるだろうというマルクスの主張の焼きなおしだ。現代のテクノロジーは、労働者がおこなってきた作業をどんどん機械化し、その結果労働者が機械に置きかえられる準備が粛々と進行しつつあるというわけだ。マルクスはこう書いていた。

こうして私たちは、労働のある特殊な形態が、機械というかたちのもとで、どのようにして労働者から資本へと譲渡され、その結果、労働者自身の労働力が価値を奪われるにいたるかを、じかに見ることができる。だからこそ、機械化に抗して、労働者のために戦わねばならない。[2]

資本家がこうした状況を望むのは、機械が労働者以上に費用の点で効率的であり、そのうえ生産過程の完全なコントロールを可能にしてくれるからだ。かつてヘンリー・フォードは、「シカゴ・トリビューン」紙に掲載されたインタヴューで、「少なくとも私にはロボットの組合にかかわりあう必要はない」と述べたが、このとき彼はマルクスの予言を裏づけていたわけだ。最終的には、テクノロジーの発達は労働者を不要にすることとだろう。マルクスはそこにアイロニーを見てとっていた。すなわち、労働者が不要になるということは、じつは生産物を購入するお金をもった人びとがいなくなることとなのだから、消費者がいなくなることでもあり、そうなればそれは資本主義そのものの終焉につうじる以上、資本家は墓穴を掘ることになるというわけだ。もちろん、マルクスの予言は完全にはずれた。生じたのはまったく逆の事態だった。思うに、リフキンの予言も同じ轍《てつ》を踏むだろう。

テクノロジーには、解放者と脅迫者という二つの顔がある。それは、機械にまかせてもかまわない仕事にたずさわる必要をなくすという点で、私たちを解放する。だが、それは、労働者が不要になるということでもある。『社会主義下の人間の魂』のなかで、オスカー・ワイルドは「自分の仕事をさせるために機械を発明するや否や、人間が飢えはじめたという事実のなかには、いくらか悲劇的なところがある」と述べていた。[3] ワイルドは、機械が操業をはじめるや否や、人びとが失業することを嘆いていた。他方で彼は、機械でもできる類いの仕事とは、まさに人間のやる必要のない種類の仕事だとも論じていた。

すべての知的でない労働、すなわち、単調で退屈な労働、うれしくないものにかかわり、ありがたくない条件をふくむ労働は、機械がやるべきだ。機械とは、炭鉱で私たちのかわりに働き、あらゆる衛生業務をおこない、雨の日には連絡をつたえ、退屈で煩わしいいっさいをやるためにある。[4]

こうした事態にたいするワイルドの解決策が、社会主義だ。すなわち、機械は共同体によって所有され、共同体全体——特定の工場所有者だけでなく——がその恩恵をこうむらねばならないというわけだ。そのような世界が、幸福な世界になるのだろうか。

そのような世界をフィクションとして示したものに、カート・ヴォネガットの処女作『プレイヤー・ピアノ』[5]がある。舞台となるのは、コンピュータとオートメーションによって、事実上あらゆる生産過程が管理される未来社会だ。働かねばならない人間はごくわずかで、だれもが必要なものを与えられている。だがそれは、働く必要のない世界でどうやってゆけばよいかをだれもきちんとわかっていないという点では、不幸な社会だ。管理者と技術者のエリートだけが仕事についており、生活に目的意識をもっている。主人公ポール・プロテュースはエンジニアだが、幽霊シャツ党という革命グループの一員でもある。彼らは多くの機械を破壊するが、小説の最後で彼らは、自分たちには仕事のない社会を転覆することなどできないと気づく。

ヴォネガットの小説に登場する幽霊シャツ党は、現代のラッダイト集団だ。ラッダイトが実在したのは、一八一一年から一八一六年までのわずか数年のことにすぎない。彼らは、産業革命によってもちこまれた変化に抗議すべく、機械を、それも織物業の機械を破壊してまわった人びとの集まりだった。ラッダイトの名前の由来は一七九九年にレスターシャーにある家に侵入し、二台のストッキング・フレームを破壊したネッド・ラッドという人物の名に由来する。このできごと以降、人びとはなんであれ機械の、とりわけストッキング・フレームの一部をこわして使えなくする行為を、ラッドのせいにするようになった。あとにつづくラッダイト世代によって、激しい攻撃――それはたいていは物理的なものからことばによるものに変わっていったが――を受けなかった技術的発明品はひとつとしてなかった。

ラッダイトの誤り、すなわち一九世紀の改革者たちにちなんで名づけられたこの運動の経済学的な誤りは、労力を節約するテクノロジーは、それが労働への需要を減少させるからには、失業者の増加につながるにちがいないという思いこみにあった。この考えは一見理にかなっているようだが、労力を節約するテクノロジーは労働者の生産性を向上させ、その結果生産物のコストがさがり、さらに需要を増加させることを思いあわせるなら、あきらかに誤っている。生産物の需要が増大するからといって、必ずしも労働力への需要が減少するとはかぎらない。もし労力を節約するテクノロジーは失業へつうじるというラッダイトの考えが正しかったなら、この二世紀のあいだの目を瞠《みは》るようなテクノロジーの発展の結果として、こんにち私たちのだれひとりとして仕事につけなくなっていても不思議はなかったろう。なぜオートメーション化が失業の増加へとつながらなかったのか。その理由は、労働時間が驚くほど短くなったからだと説明したくなるかもしれない。しかし、生産性の増大は労働時間の減少を数倍も上回っている。じっさい、こんにちの平均労働時間は、一八五〇年と比べると約半分だが、生産性は二五倍も向上した。

テクノロジーに起因する大量失業は、これまでのところまったく生じていない。真実はたんに、テクノロジーによって失業したひとが新たに創出された仕事にどんどん吸収されていったというだけのことだ。これはコンピュータ世代にもあてはまる。一九七〇年と二〇〇〇年のイギリスを比較するなら、三五〇万もの工業職が失われたが、トータルの雇用は六四〇万も増加している。つまりこの期間に一千万の新たな雇用が創出されたわけだ。こうした全般的な発展傾向は、ほとんどの西洋諸国で変わりない。一九九五年にリフキンの著作が出版されてからの事態の推移は、彼の主張を裏づけるものではない。

そのかぎりでは、ラッダイトおよびネオラッダイトたちは道を誤ったままだ。機械がすべての労働者にとってかわるだろうというマルクスの予言が真実になりそこなったことは明白だ。この事態はずっとつづくのだろうか。カール・ベネディクト・フレイとマイケル・オズボーン[6]の言うところでは、アメリカの雇用の四七パーセントがオートメーション化によって消滅の危機に瀕しているそうだ。ほとんどの西洋諸国にとってもこの数字はほぼ同じようだが、低レベルの技能しか要さない職種に就く人口の多いかつての共産主義国家では、この数ははるかに跳ねあがる。フレイとオズボーンの論文には、「科学」の装いこそ施されているものの多くの当て推量がふくまれており、彼らがコンピュータ化の影響を過大視しているということは言っておかねばならない。だが、彼らの全般的な主張がそれによって説得力をまったく失ってしまうわけではなく、コンピュータは確実に、近年登場した業種におけるシェアをますます増やしつつある。その結果デジタル技能をそなえた労働者が優遇されるようになるだろう。ただこうした事情は国ごとにかなり開きがある。だから、コンピュータ化の影響を論じるうえでの資料は、どの国をあつかうかに応じてかなりの変動を示す。

たとえば、運転手や会計士、司書やモデル、清掃員といった職に就いている人びとは、近い将来にその職を失う危険がきわめて高いと言われている。フレイとオズボーンは、今後の雇用の規模がどうなるかについてあまり多くを語ってはおらず、ただ特定のいくつかの職種がオートメーション化されて失われるかもしれないと言っているだけだ。現在もしくは近い将来において、どんな種類の課題がオートメーション化可能かにかんしてばかりでなく、どんな種類の仕事がオートメーション化されるのを私たちが望んでいるのかということにかんしても過大評価する傾向が見られる。お店に行けば、だれでもたいていは販売員とじかに会話したいと思うだろう。レストランではデジタル化されたメニューを見るだけでことは簡単にすむかもしれないが、多くの客はいまでも人間のウェイターと話すほうを好む。美容師の需要は今後もありつづけるだろうが、それはこの仕事がアウトソーシングできるものではなく、オートメーション化しにくいものだからだ。一連の明確な手順に分割できる仕事にかんしては、あきらかにコンピュータのほうが人間よりもはるかにまさる。だが、必ずしもすべての仕事がたやすくオートメーション化できるというわけではない。オートメーション化で失われる雇用もあれば、他方で新しい雇用も創造される。なにしろ、コンピュータやロボットに任せられることには限界がある。コンピュータの導入によって仕事は破壊されるだけではなく、創造もされる。そのかぎりでは、破壊され消えてしまった雇用以上の雇用が創造されている。

ピュー・リサーチ・センター[7]が二千人の専門家にこの先十年の見とおしを尋ねたところ、解答は大きく二分された。相当数の仕事がロボットとデジタル機器にとってかわられると答えたのが四八パーセント、残りの五二パーセントは失われた雇用と同じだけの仕事がテクノロジーによって創造されると回答した。テクノロジーの歴史では以前のパターンが繰りかえされつづけると答えたのが半分、残りの半分は近年の仕事に見られる機械化への交代の影響はとてつもないもので、これまでの歴史的パターンは消失し機械化を原因とした大量失業が結果として生じるだろうと回答した。私はといえば、変化はかなり著しいものになるだろうと考える、どちらかといえばより保守的な側につく。だが、それはそう見えているだけかもしれない。新たなテクノロジーが導入されると、それによって敗者となったがわの姿はたいていはすぐにそれとわかるものだが、時代とともに創造されてきた新しい雇用という勝者の姿はそれに比べるとはるかに眼につきにくい。

経済学者タイラー・コウエン[8]の言うところでは、現在進行中のテクノロジー革命の影響をもっともこうむるのは中間層だ。コウエンの見とおしにおける勝者は機械の技能を補完する技能を身につけている人びとだ。彼の見積もりでは、そうした勝者となりうるのは全人口の一〇から一五パーセントで、それ以外のひとは給料が下がるか変わらないままだ。オートメーション化にかかる費用は下がりつつあり、それにともなって給料にたいする圧迫も下がってゆくだろう。高い技能を要する仕事にはおそらく以前よりもさらによい給料が支払われ、低い技能しか要しない仕事の給料は、たぶん相対的に見て下がってゆくだろう。だからといって、飽食の時代が終焉を迎えるというわけではない。なにしろきわめて多くの生産品の価格が以前よりも安くなっているのだ。この価格の低下分が実質賃金における停滞を補うはたらきをする。

　私たちが近年直面している問題は、オートメーション化が進みすぎていることではなく、進まなすぎていることだと言われるかたもおられるかもしれない。先進諸国では生産性の伸びはあからさまに鈍化しており、かりに多くのひとが論じるようにオートメーション化の影響が相当なものだとしても、じっさいには逆の事態が、すなわち以前にもましていっそう目ざましい生産性の増大が生まれるかもしれない。デジタル・テクノロジーが私たちの暮らしに、たとえばスマートフォンによってそくざに会話ができるようになるといったぐあいに、はかりしれない影響をおよぼしているにしても、大半の職業はそんなに大きく変化してはいない。オートメーション化によって、肉体を酷使する、危険をともなう単純な仕事はかなり減ったが、たぶんそれは歓迎すべき進歩だ。仕事がオートメーション化されてゆく規模はこれからも拡大しつづけるだろうが、それによって過去の遺物と化す職業が出てくる一方で、新しい職種も創造されつづけるだろう。私たちの前に広がっているのは、仕事のない世界ではなく、仕事が減ってゆくなどということがありそうもない世界だ。

　将来の労働市場がどうなるかについて明確な予測ができるとはとうてい思えない。なにしろ、言うまでもないことだが、将来なにが発明されることになるかはいまの私たちには知るよしもない。今後数年のうちにどんな職業の需要が高まるかを予測することすらあまりに難しい。労働市場はどんどん変化してゆく。一九八〇年代に、ウェブサイトデザイナーにこれほどの需要が集まると予見していたひとはどれくらいいたのだろうか。ほとんどだれもそうは思っていなかった。だが、一九九〇年代にはいると、出会うひとがひとり残らずウェブサイトデザイナーになってしまったかのようだった。ドットコム・バブルが弾けたとき、彼らの多くが失業した。「本職は」俳優だと言いつのっていたあらゆるカフェやレストランのウェイターたちのなかに、突如として、「本職は」ウェブサイトデザイナーだと言いはるウェイターたちが紛れこむようになった。

労働の終焉について思索をめぐらすことは、新たなテクノロジーの導入に焦点をあわせるかたちで進められてきた。だが、小売部門では、セルフ・サービス・ストアの導入が、どんな技術革新にもまして強烈なインパクトを与えている。たとえばＩＫＥＡのフラット・パック家具のように、購入者が自宅で組みたてるタイプの生産物の需要が増加している。過去一五年から二〇年のあいだに、自分が何台のＩＫＥＡの本棚を組みたてたか、そして父親がもっていたよろず屋としての才能をまったくといってよいほど受けつがなかったがために、組みたてのたびになんど悪態をついたか、思いだしたくもない。こうしていまや、ある程度までは消費者が生産者にもなり、結果的に両者の境界線はどんどん曖昧になりつつある。そうなれば、消費者がその分だけみずから働くようになるのだから、工場にも市場にもそれほどスタッフは必要でなくなり、結果として失業者が増加するのではと考えたくなるかもしれない。じっさいにはその逆で、フラット・パック家具は、比較的安価なこともあってか、注文は増加傾向にあり、それにつれて雇用も同じ傾向にある。

これまでのところ、仕事の終焉をめぐるいっさいの憂慮は、現実のものになってはいない。じっさい、過去の数十年は、国によって著しいばらつきが見られはしたものの、驚異的な成長の時期であり、絶えず新しい雇用が創出された時期であった。いま私たちの知っている仕事がいずれどこかで終わりを迎える可能性を除外することはできないが、それが近い将来に起こることはないと請けあってもかまわないだろう。

ハンナ・アレントは『人間の条件』のなかで、現代社会は、仕事を神聖視するあまり、仕事を欠いた人生がどんなものとなりうるか、またどんなものであるべきかを見とおすことができなくなってしまったと論じた。「労働者の社会は仕事という足枷《あしかせ》から自由になりつつあるが、この社会は、その自由を勝ちとられるに値するものにしてくれる、より崇高で有意味な別の活動については、もはやなにも知らない」[9]。現代文化が仕事をそのイデオロギーのまさに核心にすえているという彼女の主張には抗いがたい。だが、私としては、私たちが仕事から「自由になり」つつあるという主張にはまったく同意しがたい。アレントの問題点は、仕事についての自身の観念に絡めとられてしまった結果、仕事は消滅したわけではなく姿を変えつつあるのだということを見損なったところにある。「仕事の終焉」は近い将来に起こることではない。仕事はその姿を変えつづけてはゆくだろう。そしてこんにち仕事とみなされているものの多くが

——そして未来の世界においては、おそらくもっと多くのものが——、まえの世代がレジャーと呼んだものにおそらくずっと似たものになりはするだろう。そうはいっても、私たちがそれを仕事とみなすかぎりは、それは依然として仕事だ。

第10章

人生と仕事

著名な科学哲学者ポール・ファイヤアーベントと私とで、意見の一致していることがひとつだけある。それは、子どものころに大きくなったらなにになりたいかと問われて、「早く引退したい」と答えたことだ。引退した人びとがよい生活をしているのはたしかだ。彼らはベンチに座って、まったくとるにたらないことがらに時間を費やして愉しんでいる。それにたいして、労働者たちはいつもせかされていて、その仕事で名声を得ることなどまずない。引退できるようになるまでには、相当の年月働きつづけなければならないと知らされたときには、本当にがっかりしたものだ。自伝『哲学、女、唄、そして……――ファイヤアーベント自伝』の末尾近くで、ファイヤアーベントはこう書いている。「そこで、やっとのことで私の子どものころの夢がかなったことになる。私は定年退職者になったのだ[1]」。だが、若干残念に思ってもいる。なにしろ、ファイヤアーベント自身がこのさき自分がなにをしたいのか一向に定まらないと愚痴り、新たに獲得された自由とどう付きあえばよいかわからないとこぼしているほどだ。私自身、子どものときに引退するつもりでいた年齢から二五年もたったにもかかわらず、引退したあとの暮らしをどうするかについては、なんのはっきりした考えももてないでいる。もちろん、このさき生涯もう働かなくてよいという夢想にふけるときもなくはないが、じっさいにそうなったならたちどころに退屈しそうな気もする。

ジェレミー・ベンサムが書いていたが、「仕事をその文字どおりの意味で解するかぎり、仕事愛とは語義矛盾もはなはだしい」[2]。もちろん私たちは仕事を愛せるが、そこにはある問題が隠れている。自分の仕事を愛せるようになることはありうるが、それが強すぎると、仕事ばかりの日が終わったあとにやってくるはるかに重要なことがらが見すごされてしまいかねない。これは実体験からの話だが、数年のあいだ私は、おそらくほかのどんなことよりも自分の仕事を愛していた――振りかえって、なにが優先されるべきだったのかを考えてみると少なくともそうだったように思える――だが、当時の私はそれがすでに生じていたにもかかわらず、それと気づいていなかった。それは、四年間の潤沢な奨学金を獲得しカントの解釈理論についての博士論文を書いていたときにすでにはじまっていた。私は本当に懸命にこの論文にとりくんだ。その努力が実って、奨学金がきれるほんの数ヶ月まえに論文は完成した。そのときには、もうこのさき数ヶ月はまったくなにもしないでいられると思ったものだ。だが問題は、「なにもしないでいる」ことが、すぐさまとほうもない退屈に変わったことだ。退屈のあまり、この圧倒的な空疎さを克服するには退屈についての本でも書くしかないと思えたほどだ。驚いたことに、私の著作はよくできていたようで、それからはインタヴューや講演会で大忙しになり、退屈でいられる暇など消しとんでしまった。だがそれも、ありとあらゆるインタヴューや講演のためにあちこちを飛びまわる暮らしに慣れてしまうまでの話で、そうなればすぐにもそれらにたいする倦怠感が沸きおこってきた。私は、ただ自宅の机のまえに座って別の本を一冊でも二冊でも書けるような境遇になりたいと願うようになった。仕事づけの日々はさらにつづき、それからの五年間で七冊の著作を出版し、大学の准教授の職を得て、「ノルウェー哲学会報」の編集委員になった。学外では毎週のように講演会をおこない、全国紙にコラムを執筆し、全国放送のトーク番組の司会のひとりに抜擢され、毎週のようにインタヴューを受けるようになった。

こう書いていると、まるで自分がまがうかたなき仕事中毒者のように思えてくる。問題は、こうした活動のほとんどが満足をもたらす源泉であるにもかかわらず、ほかの有象無象の活動のばあいと同じく、仕事にやりがいを感じることが眼に見えて減っていったことだ。懸命に働けば、当然ながら家族や友人のためにさける時間はどんどん減り、だからこそ一日の終わるころには彼らの存在が、それまでに終えたどんな仕事からも与えられなかったほどの重みをもつようになった。仕事中毒であったころでも、自分では家族や友人たちを仕事よりも大事にしているつもりでいた。だが、日々のなかでのじっさいの優先順位は、あきらかにそれが逆になっていることを物語っていた。頭がしゃんとしているとき――じっさいのところ、そんなときはごくまれにしかなかったが――には、こんな仕事づけの生活を大幅に切りつめなければならないとわかっていた。だが、仕事はやめられなかった。それでも私はなんとか仕事量を大幅に減らす週を設けて、そのときには平均的な労働時間を少し上回るくらいにまで抑えた。その状態はいまでもつづいているが、それでもだいぶましになったようだ。だが、私の脊椎《せきつい》のなかにはプロテスタントの労働倫理が沁みこんでいて、現在よりもずっとわずかしか仕事をしないとしたら、おそらくとてつもない罪責感に苛《さいな》まれるだろう。仕事は相変わらず私にとって重要なことがらだが、もはや人生の自余のいっさいよりも仕事を優先しようという気は薄れている。
そんなわけで私は、こんにちの労働市場における理想的労働者にはなれずじまいだった。理想的な、順応性のある労働者とは「ゼロドラッグ（仕事への支障のない）」人間だ。これはかなり最近の言いまわしで、私の知るかぎりでは、初出は一九九九年のつぎの文章だ。

すべてがどんどん早くなる。最適条件はゼロドラッグだ。さしあたり新しい就職志願者たちは、自分たちの「仕事への支障度合い」について問われても軽くやりすごせるだろう。事務所がサンフランシスコから一時間の通勤圏内になれば、街中のアパートは仕事への支障だらけになるだろう。結婚相手はどうするかって？　それは相手の仕事への支障の度合いによる。子どもはどうかって？　ひとり当たりその半分だね。[3]

「ゼロドラッグ（仕事への支障のない）」従業員とは、若くて未婚で子どももおらず、年老いた両親を世話する義務もなく、会社に必要とされるときには長時間勤務がいくらでも可能な人間だ。「ゼロドラッグ（仕事への支障のない）」従業員とは、会社からの要求を最優先にできる人間だ。そうなれば会社のがわも、こうした人間を優先的に雇うだろうし、どんどんそうした従業員にたいして、ふつうであれば彼らの余暇の時間におこなわれるようなサービスを、たとえばフィットネス・クラブを予約するとか食事のテイクアウトや洗濯物の外注といったサービスを用意するようになるだろう。こうして従業員たちは、会社を自身にとっての最重要共同体とみなすようになるものと想定されている。ここで留意されるべきは、この手のサービスは共同体の組織内で下層にいる人びとにたいしてよりも、真ん中から上層に位置する管理職にたいして、手厚く提供されているということだ。会社がこうしたサービスを心からの善意にもとづいておこなっていると考える理由などほとんどない。要するに、そうしたサービスを提供すれば、従業員たちがもう少し長時間事務所にとどまるようになり、生産性が向上するだろうということだ。「介護会社」が介護をするのはそれが利益になるからだ。儲かるからという理由でなにかをおこなうのは、きわめてまっとうな動機だが、本当の動機がなにかということにたいしてはつねに正直であるべきだろう。理想を言うなら「ゼロドラッグ（仕事への支障のない）」従業員には事務所を離れればひとりの友人もいないのが望ましいのだとさえ言えるかもしれない。なにしろ、そうなれば会社から貴重な時間が奪われることもなくなる。おそらくは、職場の同僚と友人になるのが望ましいのだろう。だが、同僚とはたいていのばあいもっとも近しい友人ではない。『ジ・オフィス』のなかでティムは言う。

同僚とはたまたまひきあわされた人間だ。わかるだろう、その人間は初対面の知らないやつなんだし、自分で選んだ相手でもない。そのくせ、その相手と友人や家族よりも長い時間一緒にいるわけだ。だが、そんなことよりもだれにだって思いあたるのは、自分が一日八時間も絨毯《じゅうたん》の同じ一角で動きまわっているという事実だろう。[4]

だが、本物の「ゼロドラッグ（仕事への支障のない）」従業員のばあいは、それが一日一五時間になることもあろう。

仕事と趣味、仕事とレジャーの区別がなくなれば、生活のいっさいが仕事を中心に回るようになるだろう。仕事が、もっともくつろいでいられると感じる第二の自宅ないし居場所となるのだ。私たちが生きてゆくうえで必要とする意味のほとんどは、仕事からもたらされるものとなる。そんな仕事に巡りあえたなどと本当に思いこんでしまったら、日々を重ねるごとにどんどん人生で本当に重要なことがらが見失われてゆくだろう。意味の源泉の特定のひとつがそれ以外のすべてを圧するようになるときにはつねに危険がつきものであり、人生における自分の値打ちや目的について明確な意識を確立するうえで仕事がもつ価値をきちんと認識できれば、仕事がそのまま人生の本質と化してしまうような極論に行きつくのは遠いさきの話となろう。トマス・カーライルの「自分の仕事を見いだした者は幸いだ。もはやそれ以外の幸福を求めないことだ。彼には生涯の目的となる仕事がある。それを見いだしたのだから、あとはそれを追求するだけだ」[5]ということばを真に受けてはならない。私ならむしろ、人生にとって仕事以上のものはなにもないと思いこんでいる人間は不幸だと言いたい。

人生において幸福になることを目標にしてしまう――これは、私たちが目的それ自体として望む唯一のものは幸福だというアリストテレスの立場が正しいとしての話だが――と、幸福を求める過程でおそらく仕事が重要な役割を占めるものとなろう。そのばあい、仕事に付随する、昇給や昇進といった側面は、そのじつ私たちの全般的な幸福度にとってはほんのわずかな重要性しかもたないことを忘れてはならない。仕事の内面的な価値のほうが外面的なそれよりもはるかに重要だろう。だが、ときに私たちは仕事の内面的な価値に夢中になってしまい、そうなるととても厄介なことになる。なにしろ、仕事があらゆる満足を与えてくれるもののように思えてしまうのだ。こんにちでは、仕事とすごす時間はフレキシブルになり、どんどんとらえどころがなくなっているが、それでもある意味では、依然として仕事はそれ以外のいっさいに比べてずっと恒常的で当てになる部分ではある。たとえば、こんにちの離婚率は失業率よりもはるかに高い。仕事は配偶者よりもずっと要求が少ない。少なくともサミュエル・ピープスはそう考えていたようで、一六六八年一一月七日の日記にこう書いているほどだ。「毎朝、眼が覚めるとオフィスにいる。夕食後もまたオフィスにいて、そこで忙しい夜をすごす。帰宅して妻ともめるくらいなら、自分を雇うほうがましだ」[6]。ピープスはとてつもない仕事中毒者だった。

「仕事中毒」ということばをつくったのはウェイン・E・オーツ師で、一九六八年のことだ。オーツは、とても大量の仕事をこなす作家でバプテストの牧師でもあったが、家族とすごす時間がほとんどなかった。あるとき五歳になるわが子から面会したいという約束を求められた。オーツはその伝言を受けとったとき、自分の選んだ生きかたにひどい誤りのあったことに気づいた。一九七一年に『仕事中毒者の告白』[7]という本を出版し、そのなかでこのことばが広く一般に膾炙《かいしゃ》することとなった。とはいえ、この点ではオーツの人生はほかの人びとにとっての反面教師でしかなかった。彼は一九九九年に亡くなるまでに五七冊もの著作を書きあげた。

仕事中毒者にとって仕事は、目的へいたる手段というよりは目的そのものになっている。仕事中毒者にとっては、いっさいが仕事の周りをめぐっている。彼は依存症患者だ。中毒者を「一般人」から分かつものはなんだろうか。それは、その中毒がどんな性質のものかによるが、なべて中毒というものの一般的な特徴は、あるひとの耽溺《たんでき》しているそのものが、ドラッグであれセックスであれ、はたまた仕事であれ、人生における意味の主たる源泉と化しているということだ。そのほかのすべてが、意味のこの主たる源泉の周りをへめぐっている。映画『トレインスポッティング』の主人公の台詞だが、普通のひとにとっては人生には問題が山積みなのにたいして、薬物中毒者はいっさいをたったひとつの——とはいえ、相当大きいものではあるが——問題に集約することに成功している。そうした観点から見るなら、仕事中毒者は薬物中毒者とそれほど異なっているわけではないとも言えるだろう。

幸福になるのに必要なものは、仕事だけではない。そのことを見のがした人間のよく知られた文学上の見本が、レフ・トルストイの小説『イワン・イリイチの死』[8]の主人公だ。イワンは、自分のたずさわっている公務にどんどんとりつかれてゆく。結婚すればしたで、これによって自分の仕事人生が損なわれはしないかが心配でたまらなくなる。この物語を前例のないほどの悲しい物語にしているのは、イワンが死の直前に人生を無駄にすごしてきたと気づくことだ。イワンは仕事にあまりに没入した結果、多くのことがらを逸してしまった。なかでも重大なのが、他人との近しい関係だ。

私たちの生活は、猥雑《わいざつ》でゆたかで多方面にまたがっている。こんなに振幅の激しい可能性をもった生きかたを実演している動物はほかにいない。かりに完璧な仕事だと思えるようなものに、つまり自分はこれをやるために生まれたのだと思える仕事に出くわしたとしても、どんな仕事もひとりの完全な人間としての私たちをすっかり惹きつけるものとはならない。これはきわめて明白なことで、私たちが生きるうえで必要とすることは、けっして仕事だけに尽きはしない。仕事イコール人生ではないのだ。

おそらくほとんどのひとは、仕事からは完全な満足を与えられない状況にあることだろう。そして、そのこと自体によって自分が不幸だと感じられてしまうばあいもあるだろう。モリッシーがザ・スミス時代のある歌のなかで歌ったように、「職探しをした。仕事が見つかった。そしていまぼくがどんなに悲惨か神様だけが知っている[9]」。私たちはときおり、たとえば一般に人生でそれ以外のほとんどを所有しているときに、仕事がどんなものであってほしいかについて、ときにまったくもって現実離れした期待をいだく。私たちの求めるのは、もはやスピリチュアルな救いなどではなく、完璧な幸福だ。だが、いまや幸福とは、それを追求する権利がだれにでも認められているなにかではなく、私たちのだれにもそうなる資格が認められているだけのなにかと化している。完璧な幸福を実現しそこねたひとはみな、根本的には敗者だ。フランスの哲学者パスカル・ブルックナーが指摘していたが、こんにちおそらく私たちは、完璧な幸福を実現しそこねているというごく単純な理由ゆえに、だれもが不幸になっているはじめての社会を生きている。[10] 完璧な幸福の状態——そもそもこれが、まったくの現実離れした理想だ——を達成しそこなうということそれ自体が、私たちを不幸にする。だから、私たちが自分の人生を幸せだと感じられないとしたら、ちょっと時間をかけて、問題はことによると仕事そのものにではなく、私たちが仕事に寄せる期待のうちにあるのではと考えてみるのもよいかもしれない。

だれにだって、仕事が退屈に感じられるときはある。問題は、私たちがこの退屈を受けいれそれとともに生きてゆけるかどうかだ。ヨシフ・ブロッキーの言うところでは、「きみはじきに仕事にも、友人にも、連れあいにも、恋人にも、それどころか窓からの眺望にも、部屋の家具や壁紙、自分の考えや自分自身にすら飽きてしまうだろう」。[11] この退屈から逃れようとして、私たちは仕事を変え、友人を変え、連れあいを変え、壁紙やアパートを変えて、新たなスタートを切る。人生とはつねにやりなおされるはじまりだ。こうして私たちの人生は、ニーチェの言う等しきものの永遠回帰というよりは、ヴァルター・ベンヤミンがファッションの本質として述べたことばを借りるなら、新しきものの永遠回帰[12]によって構造化されている。だがこれは、それを生きるにはあまりに高すぎる理想だ。ブロツキーは言う。

基本的には、別の可能性を求める絶えざる戦いへと、仕事や連れあい、環境をつぎつぎ馬とびの要領で変えてゆくことへと人生を方向転換したところで、ちゃんと生活費を支払えていくら思いでが縺《もつ》れあっても困らないというのであれば、なんの問題もない。結局これまでにこうした苦境は、スクリーン上やロマンチックな詩のなかでいやというほど理想化されている。だが問題は、この戦いがほどなく二四時間丸ごとの関心事と化し、別の可能性への欲求が薬物中毒者の毎日の窮状と変わりなくなってしまうことだ[13]。

もし私たちのやりかたもこれと大差ないとしたら、退屈は私たちの人生全体におよぶよりほかなくなるだろう。なにしろ、そのばあい私たちは一日中退屈から逃れようともがくことになる。そして私たちが高望みをやめないかぎりは、なにが起きても私たちは失望せざるをえない。失望が生じるのは、そもそも期待をいだいているからだ。期待が高ければそれだけ、失望する公算もうなぎのぼりになる。生きるうえでの究極の意味が仕事からもたらされると期待すると、やがて失望に見舞われる。同じことは愛情や友情から芸術、そのほかなんにでも当てはまる。究極の意味などそもそもない。それだけで私たちを満足させてくれるものなどひとつとしてないのだ。

他方で、この問題にたいして完全に冷めきっ《シニック》た態度をとれば、その解決が浮かぶなどということもまずない。冷笑家《シニック》〔＝犬儒学派〕とはもともと、人生は難しいものだが、それに対処するパーフェクトな方法を自分たちが見いだしたと思いこんでいた、古代ギリシアの哲学者集団をさしていた。彼らの哲学を要約するなら、本当に大切なことなどなにもない、ということになる。犬儒学派について言いつたえられていることはもっとたくさんあるが、煎じつめればそういうことだ。もちろん、彼らはまったくまちがっている。どうでもよいことなど、ひとつとしてない。

仕事が以前と比べてはるかに不安定なものとなっている——こんにち私たちが生涯にわたる仕事をもつことなどまずない——以上、自分がどうありたいかという自己認識を確立する手だてとして仕事を当てにするのはなるべく避けたほうがよい。だが、そうした態度はしばしば仕事にたいする無関心に行きつく。そうなると、仕事が私たちの人生に寄与してくれるものは、収入源という一点を別にすれば、確実に減ってゆく。私見では、そうなってしまうくらいならむしろ進んで仕事にかかわってゆくべきだ。それによってこそ、仕事のもつ真の意義を見いだす用意も整うというものだ。意義が生まれるためには、そのまえに配慮しなければならない。だが他方で、仕事はあくまで、ほかにもあまたある意味の源泉のひとつとのみ受けとられるべきだ。ウッディ・アレンのことばだが、「仕事をつうじて不死になりたいなどとは思わない（中略）死なないことで不死になりたいものだ」。不死は私たちの選択肢にはない以上、しかるべくバランスのとれた人生といったような、それほど野心的ではないことで手をうっておいたほうがよいだろう。

序文で述べたように、仕事についての特定の「主張」を擁護するつもりも、仕事とどうかかわればよいかについての教えを読者に提示しようというつもりも私にはない。とはいえ、仕事についてのある種のイメージが本書に姿をあらわしていることも疑いえない。それにしたがうなら、私たちには歴史上の過去の人びとほど忙しく働く必要はなく、物質的な富という点ではほとんどのひとが並外れて恵まれた状態にあり、仕事にたいする私たちの期待がこれほどまでに高かったことはなかった。まえにもヴィトゲンシュタインから引用したが、それによるなら、哲学は「人間そのものについての仕事。人間の自己理解。どのように事物をみるか（そして、事物になにを望んでいるのか）」と定義される。[14] 私の印象では、こんにち私たちは概して仕事に過度の期待をかけており、とりわけ仕事は、私たちが生きてゆくうえで必要とする意義をもっとたくさん提供できるはずのものだと思いこんでいるようだ。おそらくそうした期待が満たされることはないし、私たちは仕事を求めて彷徨《さまよ》う者と化し、仕事から仕事へと渡りあるくが、最後まで探しているものは見つからずじまいだろう。かりに期待がかなえられたとしても、その分だけいっそう深い厄介ごとに巻きこまれ、仕事よりもはるかに大切なあらゆることがらから眼をそらせてしまうという危険に陥ってしまう。そのとき私たちの仕事との関係は、ワイルドの『ウィンダミア卿夫人の扇』における「この世界に悲劇は二つしかない。ひとつは、欲しいものが手にはいらないこと。もうひとつはそれが手にはいることだ。あとのほうが最悪だ。これこそが真の悲劇だ[15]」の完璧な例証となるだろう。だが、じっさいには仕事人生をただたんに悲劇だととらえる者などほとんどいない。仕事とはあるひとにとっては災いのもとであり、別のひとにとっては祝福をもたらすものであり、大半のひとにとってはこのいずれでもある。仕事は、きわめて短いあいだにとてつもない変容を遂げた。仕事が自分の人生のなかでどれほどの重みをもつものであるのかを見積もる作業を、けっして怠ってはならない。

仕事をあつかった短文や引用文の多くは、キース・トーマスが編集した『オクスフォード仕事の本』[1]にまとめられている。仕事にかんする比較的長い文章をさまざまな分野（小説、哲学から神学、社会科学そのほかまで）からセレクトしたものとしては、ギルバート・C・メイランダー編集の『働くこと』[2]がある。仕事を論じた現代哲学からの著作のいくつかは、コリー・シャフ編集の『労働の哲学とその問題』[3]にまとめられている。以上の三冊はいずれも、この問題をさらに研究してみたいと思う読者にとっては、きわめてお勧めだ。仕事についての近年の社会学的研究の外観については、キース・グラント編集の『仕事と社会』[4]を参照されたい。同じ著者による『仕事の社会学』[5]もお勧めしたい。仕事にまつわる課題や展望の広がりは、ステファン・アクロイドと同僚による『オクスフォード仕事と組織のハンドブック』[6]においてカバーされている。

こんにちにおいて働くとはどういうことかを適切に理解するには、仕事の歴史的発展の経緯についての理解が不可欠だ。その点については、リチャード・ドンキンが『血と汗と涙』[7]のなかでみごとに描きだしている。近年の労働にかんする哲学からの文章のなかで抜きんでているのは、ラッセル・ムールヘッドの『ただの仕事[8]』だ。これは、個人としての私たちがどのような存在かということと私たちの仕事生活とのあいだの「適応」という観念を古代ギリシアから現代にいたるまで探索するものだ。アル・ギニの『仕事と私[9]』は、最良の哲学理論と社会学理論とを結びつけて、仕事が私たちの生活のなかで果たす現代的な役割についてのゆたかな洞察を読者に与えている。この著作には、仕事について本書で私が提示したものよりもやや荒涼とした展望が示されている。だから、この著者が働かないことを主題とした続編を書いていたとしても驚くにあたらない。『怠惰でいることの大切さ[10]』も、とりわけお勧めの一冊だ。怠惰について研究しようとするなら、トム・ホジキンソンの『これでいいのだ怠けの哲学[11]』もはずすわけにはゆかない。仕事と人生のバランスをあつかったもっとも興味をそそられる研究のひとつに、アーリー・ラッセル・ホックシールドの『タイム・バインド（時間の板挟み状態）働く母親のワークライフバランス――仕事・家庭・子どもをめぐる真実[12]』がある。

　仕事のありかたがここ数十年のあいだで著しく変化してしまったことには、ほとんどのかたが同意されるだろうが、少なからぬ文献のうちにこうした変化の程度を誇張する傾向が認められるのも事実だ。そうした誇張にたいする最上の解毒剤としては、ハリエット・ブラッドレイらによる『仕事にまつわる神話[13]』を参照されたい。オートメーション化が仕事の将来にどのような影響をもたらすかについての興味深い考察としては、タイラー・コウエンの『中流の終わり[14]』を参照されたい。将来の労働市場についてのコウエンの予測のひとつは、不平等がいっそう深刻化するというものだ。不平等の原因とそれがもたらす結果についてのさらなる展望については、アンソニー・B・アトキンソンの『不平等[15]』を参照されたい。現代社会においてグローバリゼーションは仕事にとてつもない影響をおよぼしたが、ロバート・J・フラナガンが『グローバリゼーションと労働条件[16]』のなかで、先進国と後進国のそれぞれにおいてグローバリゼーションが労働条件にどれほどの影響をおよぼしているかについての手堅い説明を与えている。

私たちの仕事との関係が消費志向によってどのようにかたちづくられているかの検討としては、ポール・ド・ゲイの『消費と仕事におけるアイデンティティ[17]』を参照されたい。これは、ジグムント・バウマンの『新しい貧困――労働、消費主義、ニュープア[18]』の中心テーマでもあるが、バウマンにとってもっとも中心的な関心は、消費社会における貧困層の苦境だ。こんにちの社会の現状についてのはるかに楽天的な見解は、ブリンク・リンゼイによって『飽食の時代[19]』のなかで提示されているが、そこで指摘されているのは、人類史上どの時点と比べても、貧者もふくめて私たちが物質的富という点でこれ以上にゆたかであったためしはないということだ。リンゼイが現代資本主義についてあまりにも楽観的な見方を提示している点については、多くの指摘がなされているが、そのなかのひとりリチャード・セネットは、『それでも新資本主義についていくか[20]』や『不安な経済／漂流する個人[21]』のなかで、資本主義の近年の多様性が私たちのアイデンティティそのものに由々しき事態をもたらしており、事実それは個人的なアイデンティティを形成しようという私たちの試みを蝕んでいると論じている。セネットはさらに、『職人』[22]のなかで職人の技能についてすばらしい説明を与えてくれている。セネットの主張に同意するかいなかは別にして、彼の著作からはつねに多くのことを学ぶことができる。

訳者あとがき

本書は、Lars Svendsen, *Work second edition*, 2016, Routledgeの全訳だ。当初、二〇〇八年にAcumen社から刊行された初版で翻訳を進めていたが、ゲラの段階で増補改訂第二版が出たとの報せが届き、急遽《きゅうきょ》そちらをとりよせて、新たにくわえられた章を訳出し、そのほかの改訂も反映させることとした。

最初に凡例めいたことを述べておく。

（ ）は原文にあるもの、または原語を示すときに用い、［ ］は訳者からの補足を挿入するさいに用いた。原文中でイタリックで強調されている箇所は基本的に傍点でおきかえたが、書名や英語以外の原語を示すだけの強調の類は適宜省略した。原注そのほかで挙げられている文献については、翻訳のあるものは可能なかぎり参照させていただいたが、地の文とのつりあいでだいぶ修正をくわえている。訳者のかたがたには、この場を借りてお礼とお詫びを申しあげる。

この本は、もともとはThe Art of Livingと銘打たれたシリーズ物の一冊だった。このシリーズでは、ほかにも『死』、『病』、『自分』、『中年』といったきわめて身近なテーマが採りあげられており、それぞれについて比較的若手の哲学者たちが個性的な議論を展開している。どの著作でも著者はあくまで一般人の目線で議論している。だから、専門知識がなくとも容易に読みすすめられるし、それでいて読みすすめるうちに読者が自分の経験と照らしあわせることでいっそう理解は深まってゆく。それ以上に、このシリーズが一般人の目線に近いところで書かれている一番の理由として、どの主題もが担当している哲学者の個人的な人生とリンクしていることが指摘できる。たとえば『病気』では、それを書いている著者自身がリンパ脈管筋腫症という難病にかかり、いまもその病とともに生きており、その闘病経験を踏まえて、じつにリアルで読みごたえのある疾病論が展開されている。

そこで本書『働くことの哲学』だが、著者は一九七〇年生まれのノルウェーの哲学者で、現在はノルウェーのベルゲン大学の哲学科教授だ。著作には『退屈の哲学』（二〇〇五年、邦訳は『退屈の小さな哲学』集英社新書）、『流行：哲学』（二〇〇六年）、『恐怖の哲学』（二〇〇八年）、『悪の哲学』（二〇一〇年）、『自由の哲学』（二〇一四年、以上未邦訳）などがある。つまり、日本に多い哲学（者）研究者というよりは、身近な主題について自分なりの思索をめぐらせるタイプの哲学者だということだ。本書のなかで著者は、自身の就業体験や父親の仕事のエピソードなどを織りまぜつつ、現代社会において仕事がどのような位置を占めているのかを多面的に論じている。ただ、初版はその執筆年代の影響もあろうが、きわめて楽天的なトーンに貫かれていた。そのため、国際的な金融危機を通過し、不況を身をもって感じているいまの私たちにはやや物足りなく感じられるところもあった。そのあたりは著者も自覚していたようで、それが今回の増補改訂となったのだろう。

参考までに、初版の原書裏の紹介文を訳出しておく（第二版には、これを圧縮して表現を変えた紹介文が付されている）。

> だれにとってもたいてい仕事は、日々の生活に欠くことのできない要素のひとつだ。仕事を災いのもととみなすにせよ、神の祝福とみなすにせよ、世界および自分にたいして日々私たちが採る態度は、なにをおこなおうと選択するかで決まる。私たちの思考を鼓舞してやまないこの著作のなかで、ラース・スヴェンセンは、幸福で満たされた生活を求めるうえで、仕事がどのような位置を占めるかを検討している。
>
> スヴェンセンは、日常生活でどれほどつらいことがあろうとも、仕事のない生活のほうが、おそらく救いようもないほどの絶望をだれにたいしてももたらすことを、マルクスからマックジョブにまで、フォーディズム〔現代資本主義を象徴する用語のひとつで、大量生産・大量消費を可能にする生産システムのモデルを意味する〕からファンサルタント〔喜びを意味するファンとコンサルタントの合成語で、楽しんでやれる仕事を勧めるコンサルタントの意〕にまで私たちをいざなう、魅惑的な語りくちで示している。
>
> 仕事は、心身両面での私たちの健康によいばかりでなく（疲労困憊の状態は、おそらく仕事よりもレジャーのほうからやってくる）、ある種の目的意識やアイデンティティ、さら

には社会的ネットワークまでをも提供してくれる。スヴェンセンの見るところ、私たちが仕事にストレスを感じる原因は、仕事に固有の性質や仕事への私たちの態度が、ここ数十年のあいだに変化したことに起因する。こんにち私たちは、まえの世代とはちがって、仕事を、意味や自己実現へつうじるある種の感受性をもたらしてくれるものとみなしており、仕事が夢をかなえてくれ、楽しみにあふれ、自分の愛する人びとに囲まれてなされるものとなることを期待している。

だが、スヴェンセンに言わせるなら、これは仕事にたいする要求過多であり、日常生活に私たちが期待する意味を過度に仕事のうちに求めること自体が誤りだ。自分たちの期待がかなえられなかったとき、なにが起こるのだろうか。そして、もっと重大なことには、それがかなえられたときには、なにが起こるのだろうか。そのときには私たちは、仕事よりも重要ないっさいを無視してしまう危険にさらされはしないだろうか。スヴェンセンに言わせれば、もし私たちが仕事をつうじて、自分たちに幸福がもたらされるのを確実にしたいと思うのなら、こうした問いをきちんと考えてみる必要がある。仕事と人生の両立に苦労したことのあるひとであればだれにとっても、本書『仕事』は興味の尽きることのないと同時に啓発的な読みものであって、私たちはおのずと、仕事にたいしてどのような態度を採るのがよいのか、そもそも仕事とは自分にとってなにを意味しているのかといったことを考えずにはいられなくなるだろう。

最後にひとつお断りしておかねばならないのは、タイトルであるWorkの訳語の問題だ。一冊の著作のタイトルとなっていることばなのだから、ふつうならひとつの訳語に統一すべきだが、本訳書では、「仕事」、「労働」さらには「はたらくこと」など文脈とあつかわれるテーマに応じてさまざまに訳しわけた。仕事といえば、日本でも今村仁司氏によるその名もずばり『仕事』（弘文堂）という著作があるが、はしがきでご自身がもらされているように、古代から現代にいたる労働経験の実態の歴史的整理がもっぱらで、仕事そのものの話はほとんどない。だが、本書ではあまり触れられていない側面からこのテーマに光が当てられているので、関心のある方には併読をお勧めしたい。

小著とはいえ、この訳書がなるにあたっては、紀伊國屋書店出版部の有馬由起子さんよりひとかたならぬご助力をいただいた。この場を借りて、衷心よりお礼を申しあげたい。

二〇一六年一月

小須田　健

21 前掲リチャード・セネット『不安な経済／漂流する個人』.
22 R. Sennett, *The Craftsman*. New Haven, CT: Yale University Press, 2008.

9 S. Morrissey & J. Marr, "Heaven Knows I'm Miserable Now" [The Smiths]. On *Hatful of Hollow* [CD]. ⓒWarner Bros. Music Ltd, 1984.
10 P. Bruckner, *Verdammt zum Glück. Der Fluch der Moderne*. Berlin: Aufbau Verlag, 2000, p.76.
11 J. Brodsky, *On Grief and Reason: Essays*. London: Hamish Hamilton, 1996, p.109.
12 ヴァルター・ベンヤミン「セントラルパーク」『ベンヤミン・コレクションⅠ』浅井健二郎編訳, 久保哲司訳, ちくま学芸文庫, 1995年, 393頁.
13 前掲J. Brodsky, On Grief and Reason, p.109.
14 ヴィトゲンシュタイン『反哲学的断章』前掲訳書68頁.
15 オスカー・ワイルド「ウィンダミア卿夫人の扇」『オスカー・ワイルド全集2』西村孝次訳, 青土社, 1989年, 251頁.

読書案内

1 前掲K. Thomas (ed.), *The Oxford Book of Work*.
2 G. C. Meilaender (ed.), *Working: Its Meaning and Its Limits*. Notre Dame, IN: University of Notre Dame Press, 2000.
3 K. Schaff (ed.), *Philosophy and the Problems of Work: A Reader*. Lanham, MD: Rowman & Littlefield, 2001.
4 K. Grint (ed.), *Work and Society: A Reader*. Cambridge: Polity, 2001.
5 K. Grint, *The Sociology of Work*, 3rd edition. Cambridge: Polity, 2005.
6 S. Ackroyd et al., *The Oxford Handbook of Work and Organization*. Oxford: Oxford University Press, 2005.
7 R. Donkin, *Blood, Sweat & Tears: The Evolution of Work*. New York: Texere, 2001.
8 R. Muirhead, *Just Work*. Cambridge. MA: Harvard University Press, 2004.
9 A. Gini, *My Job, My Self: Work and the Creation of the Modern Individual*. London: Routledge, 2001.
10 A. Gini, *The Importance of Being Lazy: In Praise of Play, Leisure and Vacations*. Londom: Routledge, 2003.
11 トム・ホジキンソン『これでいいのだ怠けの哲学』小川敏子訳, ソニーマガジンズ, 2006年.
12 前掲アーリー・ラッセル・ホックシールド『タイム・バインド 働く母親のワークライフバランス』.
13 H. Bradley, M. Erickson, C. Stephenson & S. Williams, *Myths at Work*. Cambridge: Polity, 2000.
14 前掲T. Cowen, *Average Is Over*.
15 A. B. Atkinson, *Inequality*. Cambridge MA: Harvard University Press, 2015.
16 前掲R. J. Flanagan, *Globalization and Working Conditions*.
17 P. du Gay, *Consumption and Identity at Work*. London: Sage, 1996.
18 前掲ジグムント・バウマン『新しい貧困』.
19 前掲B. Lindsay, *The Age of Abundance*.
20 前掲リチャード・セネット『それでも新資本主義についていくか』.

Developed, Emerging and Developing Countries: An Extended Profile", OECD Social, Employment and Migration Working Papers No. 114, 2010.
7 Migration Advisory Committee, *Migrants in low-skilled work: The growth of EU and non-EU labour in low-skilled jobs and its impact on the UK*, July 2014. www.gov.uk/government/uploads/system/uploads/attachment_data/file/333083/MAC-Migrants_in_low-skilled_work__Full_report_2014.pdf (accessed August 2015).

第9章
仕事の終焉？

1 ジェレミー・リフキン『大失業時代』松浦雅之訳, TBSブリタニカ, 1996年.
2 H. Braverman, *Labor and Monopoly Capital: The Degradation of Work in the Twentieth Century*. New York: Monthly Review Press, 1974, p.278における引用より.
3 オスカー・ワイルド『社会主義下の人間の魂』前掲訳書322頁.
4 同上.
5 カート・ヴォネガット・ジュニア『プレイヤー・ピアノ』浅倉久志訳, ハヤカワ文庫, 2005年.
6 C. B. Frey and M. A. Osborne, 2013, *The Future of Employment: How Susceptible are Jobs to Computerisation?* Oxford Martin School. http://www.oxfordmartin.ox.ac.uk/downloads/academic/The_Future_of_Employment.pdf (accessed March 2016)
7 Pew Research Center, *AI, Robotics, and the Future of Jobs*, 2014, www.pewinternet.org/files/2014/08/Future-of-AI-Robotics-and-Jobs.pdf (accessed August 2015).
8 T. Cowen, *Average Is Over: Powering America Beyond the Age of the Great Stagnation*. New York: Dutton, 2013.
9 ハンナ・アレント『人間の条件』前掲訳書15頁.

第10章
人生と仕事

1 P・ファイヤアーベント『哲学, 女, 唄, そして…――ファイヤアーベント自伝』村上陽一郎訳, 産業図書, 1997年, 240頁.
2 J. Bentham, *Deontology. Together with a Table of the Springs of Action and Article on Utilitarianism*. Oxford: Clarendon Press, 1983, p.104.
3 P. Bronson, "Instant Company". *New York Times*（11 July）: 44-7, 1999.
4 前掲R. Gervais & S. Merchant. *The Office*.
5 トマス・カーライル「過去と現在」前掲訳書283頁.
6 前掲K. Thomas(ed.), *The Oxford Book of Work*, p.159からの引用.
7 W. E. Oates, *Confessions of a Workaholic*. New York: World Publishing, 1971.
8 トルストイ『イワン・イリイチの死／クロイツェル・ソナタ』望月哲男訳, 光文社古典新訳文庫, 2006年.

一訳, 東洋経済新報社, 1981年, 395頁.
2 ジョン・ケネス・ガルブレイス『ゆたかな社会』鈴木哲太郎訳, 岩波現代文庫, 2006年.
3 ソースティン・ヴェブレン『有閑階級の理論』高哲男訳, ちくま学芸文庫, 1998年.
4 B. Lindsay, *The Age of Abundance: How Prosperity Transformed America's Politics and Culture*. New York: Collins, 2007.
5 リチャード・セネット『不安な経済／漂流する個人――新しい資本主義の労働・消費文化』森田典正訳, 大月書店, 2008年, 79頁.
6 （訳注）ジェイムズ・F・フィックス『奇跡のランニング――だれにでもできる心と身体の健康法』片岡義男・茂木正子訳, ソニー出版, 1981年.
7 N. Tennant & C. Lowe, "To Step Aside" [Pet Shop Boys]. On *Bilingual* [CD]. Cage Music Ltd/EMI 190 Music Ltd, 1996.
8 前掲B. Lindsay, The Age of Abundance, p.17.
9 P. Toynbee, *Hard Work: Life in Low-Pay Britain*. London: Bloomsbury, 2003.
10 B. Ehrenreich, *Nickel And Dimed*. New York: Metropolitan Books, 2001.
11 前掲H. Spencer, "A Speech", pp.488-489.
12 アダム・スミス『国富論』前掲訳書第三巻298頁.
13 G・W・F・ヘーゲル「法の哲学」『ヘーゲル全集9』上妻精・佐藤康邦・山田忠彰訳, 岩波書店, 94頁.
14 ゲオルグ・ジンメル『貨幣の哲学』居安正訳, 白水社.
15 （訳注）アダム・スミス『国富論』前掲訳書第二巻, 464頁.
16 アダム・スミス『国富論』前掲訳書第一巻273-274頁.
17 M. Johnson, "Slow Train to Dawn" [The The]. On *Infected* [CD]. ©Complete Music Ltd/CBS Inc. /Epic Inc, 1986.
18 フリードリヒ・ニーチェ『悦ばしき知識』『ニーチェ全集8』信太正三訳,ちくま学芸文庫, 1993年, 111-112頁.
19 ジグムント・バウマン『新しい貧困―― 労働、消費主義、ニュープア』伊藤茂訳, 青土社, 2008年, 56-57頁.
20 アードマン・アニメーション（制作会社）・ニック・パークス（監督）,『快適な生活』完全版, 第1シリーズ第3話「働く動物たち」[DVD], Momentum Pictures, 2003.

第8章
仕事とグローバリゼーション

1 J. -Y. Huwart, and L. Verdier, *Economic Globalisation: Origins and Consequences*. OECD Publishing, 2013, p.93.
2 R. J. Flanagan, *Globalization and Working Conditions: Working Conditions and Worker Rights in a Global Economy*. Oxford: Oxford University Press, 2006.
3 同上：第6章
4 N. Behravesh, *The Impact of Offshore Software and IT Services Outsourcing on the US Economy and the IT Industry*. Boston, MA: Global Insight, 2005.
5 前掲J. -Y. Huwart, and L. Verdier, *Economic Globalisation*.
6 J.-C. Dumont, G. Spielvogel and S. Widmaier, "International Migrants in

8 F・W・テイラー『科学的管理法』前掲訳書43頁.
9 J. Bentham, *Panopticon*. In *The Panopticon Writings*, M. Bozovic(ed.). London: Verso, [1787] 1995, p.31.
10 R. Gervais & S. Merchant, *The Office: The Scripts*. London: BBC Books, 2003.
11 J. Kunde, *Corporate Religion*. London: Financial Times-Prentice Hall, 2000.
12（訳注）グロリア・ギルバート・メイヤー, トーマス・メイヤー『少女のマッチはなぜ売れなかったのか？—— 童話に学ぶ実践マネジメント』佐々木雅子訳, ディスカヴァー・トゥエンティワン, 2003年.
13（訳注）ウェス・ロバーツ『アッティラ王が教える究極のリーダーシップ』山本七平訳, ダイヤモンド社, 1990年.
14 トム・ピーターズ, ロバート・ウォーターマン『エクセレント・カンパニー』大前研一訳, 英治出版, 2003年.
15（訳注）デイブ・ヘムサス, レスリー・ヤーキズ『仕事を楽しんで、最高の成果を上げる301の工夫』金子浩訳, PHP研究所, 2002年.
16（訳注）マット・ウェインスタイン『会社天国——職場を楽しくする52の方法』前田直典訳, 東洋経済新報社, 1997年.
17 前掲R. Gervais & S. Merchant. *The Office*.

第6章
給料をもらうこと

1 R. E. Lane, *The Loss of Happiness in Market Democracies*. New Haven, CT: Yale University Press, 2000, pp.59-76を参照.
2 アダム・スミス『国富論』前掲訳書第一巻137頁.
3 アダム・スミス『道徳感情論』水田洋訳, 岩波文庫, 2003年, 下巻257頁.
4 K. Bales, *Disposable People: New Slavery in the Global Economy*, 3. rev. ed., Berkeley/Los Angeles/London: University of California Press, 2012.
5 R. Seaford, *Money and the Early Greek Mind*. Cambridge: Cambridge University Press, 2004.
6 ベンジャミン・フランクリン『若き商人への手紙』前掲訳書9頁.
7 A. Young, *The Farmer's Tour through the East of England*, vol. 4. London, 1771, p.361.
8 アダム・スミス『国富論』前掲訳書第一巻134頁.
9 カール・マルクス「ゴーダ綱領批判」細見和之訳『マルクス・コレクション6』筑摩書房, 2005年, 86頁.
10 S. Johnson, *The Idler*. In his *Selected Essays*. Harmondsworth: Penguin, [1758] 2003, p.407.

第7章
飽食の時代の仕事

1 ジョン・メイナード・ケインズ「わが孫たちの経済的可能性」『ケインズ全集9』宮崎義

7 G. Waddell, & A. K. Burton, *Is Work Good for Your Health and Well-Being*? London: TSO, 2006, p.ix.

8 アーリー・ラッセル・ホックシールド『タイム・バインド（時間の板挟み状態）働く母親のワークライフバランス――仕事・家庭・子どもをめぐる真実』坂口緑・中野聡子・両角道代訳, 明石書店, 2012年, 23頁以下.

9 ヘロドトス『歴史』松平千秋訳, 岩波文庫, 2007年, 上巻314-315頁.

10 H. Ford & S. Crowther, *My Life and Work*. Whitefish, MT: Kessinger, [1922] 2003, p.13.

11 マーク・トウェイン『トム・ソーヤの冒険』大久保康雄訳, 新潮文庫, 1953年, 27頁.

12 フリードリヒ・ニーチェ『善悪の彼岸』中山元訳, 光文社古典新訳文庫, 2009年, 213頁189節.

13 前掲アーリー・ラッセル・ホックシールド『タイム・バインド働く母親のワークライフバランス』.

14 バートランド・ラッセル『幸福論』前掲訳書231頁.

15 同上230頁.

16 トマス・ホッブズ『人間論』本田裕志訳, 京都大学学術出版会, 2012年, 154頁.

17 J. B. Jensen, "Fremtidens arbejdsbegreb" Copenhagen: Copenhagen Institute for Futures Studies, 2001.を参照.

18 G. K. Chesterton, *A Selection from His Non-Fictional Prose*. London: Faber, 1970, p. 271.

19 B. Franklin, *Writings*. New York: Library of America, 1987, p.320.

20 H. Spencer, "A Speech: Delivered on the Occasion of a Complimentary Dinner in New York, on November 9, 1882". In his *Essays: Scientific, Political, and Speculative*, vol.3. London: Williams & Norgate, 1891, p.483.

21 同上p.486.

第5章
管理されること

1 F・W・テイラー『科学的管理法――マネジメントの原点』有賀裕子訳, ダイヤモンド社, 2009年.

2 同上52-58頁.

3 イマニュエル・カント『道徳形而上学原論』篠田英雄訳, 岩波文庫, 76頁.

4 V・I・レーニン「科学的労働システム」『レーニン全集19』マルクス=レーニン主義研究所訳, 大月書店, 1956年.

5 V・I・レーニン「テイラーシステム」『レーニン全集20』マルクス=レーニン主義研究所訳, 大月書店, 1957年, 157頁.

6 V・I・レーニン「共産主義内の『左翼主義』小児病」『レーニン全集31』マルクス=レーニン主義研究所訳, 大月書店, 1959年.

7 T. P. Hughes, *American Genesis: A Century of Invention and Technological Enthusiasm 1870-1970*, 2nd edition. Chicago, IL: University of Chicago Press, 2004, p.251からの引用.

13 カール・マルクス『ドイツ・イデオロギー』廣松渉編訳, 岩波文庫, 2002年, 66-67頁.
14 カール・マルクス『資本論』第九巻, 向坂逸郎訳, 岩波文庫, 第7篇48章.
15 リチャード・フロリダ『クリエイティブ資本論——新たな経済階級の台頭』井口典夫訳, ダイヤモンド社, 2008年, 7頁.
16 同上12頁.
17 リチャード・セネット『それでも新資本主義についていくか』斎藤秀正訳, ダイヤモンド社, 1999年, 27頁.
18 M・チクセントミハイ『フロー体験——喜びの現象学』今村浩明訳, 世界思想社, 1996年.
19 バートランド・ラッセル『幸福論』前掲訳書241頁.
20 ハンナ・アレント『人間の条件』志水速雄訳, ちくま学芸文庫, 1994年, 19頁以下.
21 ロバート・ノージック『アナーキー・国家・ユートピア——国家の正当性とその限界』嶋津格訳, 木鐸社, 1992年, 67-68頁.

第3章
仕事の割りふり

1 プラトン『国家』前掲訳書, 上巻144-146頁374a-c.
2 同上134頁370a-b.
3 同上297-298頁433a.
4 アリストテレス『政治学』前掲訳書 38頁以下 第1巻3〜7章.
5 オスカー・ワイルド『社会主義下の人間の魂』『オスカー・ワイルド全集4』西村孝次訳, 青土社, 1976年.
6 アリストテレス『政治学』前掲訳書39頁以下 1254.
7 同上43頁以下 1255.
8 オルダス・ハックスリー『すばらしい新世界』松村達雄訳, 講談社文庫, 1974年.
9 ウィリアム・ジェイムズ『信ずる意志』『ウィリアム・ジェイムズ著作集2』福鎌達夫訳, 日本教文社, 2015年, 259頁.

第4章
仕事とレジャー

1 N. Young (& J. Blackburn), "Hey Hey, My My（into the Black）" [Neil Young and Crazy Horse]. On *Rust Never Sleeps* [CD]. ©Reprise/Warmer Bros. Music Ltd, 1979.
2 マーシャル・サーリンズ『石器時代の経済学』山内昶訳, 法政大学出版局, 2012年, 55頁.
3 O. Gersemann, *Cowboy Capitalism: European Myths about the American Reality*, 2nd edition. Washington, DC: Cato Institute, 2005, p.123.
4 ジュリエット・B・ショアー『働きすぎのアメリカ人——予期せぬ余暇の減少』森岡孝二ほか訳, 窓社, 1993年.
5 J. Robinson & G. Godbey, *Time for Life: The Surprising Ways Americans Use Their Time*. University Park, PA: Pennsylvania State University Press, 1997.
6 ジョン・メイナード・ケインズ『お金の改革論』山形浩生訳, 講談社学術文庫, 2014年, 83頁.

ター著作集　第一集3』岸千年訳, 聖文舎, 1969年, 284頁.

18「テモテへの手紙一」第6章10節.

19「マタイによる福音書」第6章24節.「ルカによる福音書」第16章13節も参照.

20 マックス・ウェーバー『プロテスタンティズムの倫理と資本主義の精神』大塚久雄訳, 岩波文庫, 1989年, 47頁.

21 同上80-81頁.

22 ベンジャミン・フランクリン「富への道――プア・リチャードの教え」『若き商人への手紙』ハイブロー武蔵訳, 総合法令出版, 2004年, 22頁.

23「イザヤ書」第25章4節.

24 ベンジャミン・フランクリン『フランクリン自伝』松本慎一・西川正身訳, 岩波文庫, 2010年, 157頁.

25 トマス・カーライル「過去と現在」『カーライル選集3』上田和夫訳, 日本教文社, 1971年, 281頁.

26 同上282頁.

27 J. S. Mill, *The Negro Question. In The Collected Works of John Stuart Mill, Volume XXI-Essays on Equality, Law, and Education*. Toronto: University of Toronto Press, [1850] 1984, pp.90-91.

28 ポール・ラファルグ『怠ける権利』田淵晉也訳, 平凡社ライブラリー, 2008年.

29 W. H. Whyte, *The Organization Man*. New York: Simon & Schuster, 1956, p.156.

30 G・チャップマン, M・パリン, J・クリーズほか『モンティパイソン　ライフ・オブ・ブライアン』(映画).

31 ジョシュア・フェリス『私たち崖っぷち』篠森ゆりこ訳, 河出書房新社, 2011年, 上巻12頁.

第2章
仕事と意味

1 アルベール・カミュ『シーシュポスの神話』清水徹訳, 新潮文庫, 1969年, 168頁.

2 同上173頁.

3 イマニュエル・カント『教育学』加藤泰史訳『カント全集17』岩波書店, 2001年, 268頁.

4 イマニュエル・カント『実用的見地における人間学』渋谷治美訳『カント全集15』岩波書店, 2003年, 236頁.

5 イマニュエル・カント『コリンズ道徳哲学』御子柴善之訳『カント全集20』岩波書店, 2002年, 161頁.

6 D. Malachowski, "Wasted Time At Work Costing Companies Billions", 2005.

7 ジョシュア・フェリス『私たち崖っぷち』前掲訳書下巻93頁.

8 F・ドストエフスキー『死の家の記録』工藤精一郎訳, 新潮文庫, 2004年, 40頁.

9 カール・マルクス『経済学・哲学草稿』村岡晋一訳『マルクス・コレクション1』筑摩書房, 2005年, 307-327頁.

10 アダム・スミス『国富論』大河内一男監訳, 中公文庫, 1978年, 第一巻11-12頁.

11 アダム・スミス『国富論』前掲訳書第三巻143-144頁.

12 アダム・スミス『国富論』前掲訳書第一巻133-134頁.

原注

引用の訳出にあたっては、邦訳のあるものは可能なかぎり参照させていただいた。ただし、原則として英語原文をもとに訳しているため、地の文との釣りあいで必ずしも訳文そのままにはなっていない。訳者の方々にはお礼とお詫びを申しあげたい。

序

1 K. Thomas(ed.), *The Oxford Book of Work*, Oxford: Oxford University Press, 1999, p.9.
2 アルフレッド・マーシャル『経済学原理』永沢越郎訳, 岩波ブックサービスセンター, 1997年, 92頁.
3 Jacobellis v. Ohio(1964), http://caselaw.findlaw.com/us-supreme-court/378/184.html (accessed November 2015).
4 ジョージ・オーウェル『パリ・ロンドン放浪記』小野寺健訳, 岩波文庫, 1989年, 231-232頁.
5 バートランド・ラッセル『幸福論』安藤貞雄訳, 岩波文庫, 1991年, 230頁.
6 カール・マルクス『資本論』向坂逸郎訳, 岩波文庫, 1969年, 第二巻9頁以下.
7 ヴィトゲンシュタイン『反哲学的断章——文化と価値』丘沢静也訳, 青土社, 1999年, 68頁.

第1章
呪いから天職へ——仕事の哲学の小史

1 ヘシオドス『仕事と日々』真方敬道訳『世界人生論全集1』筑摩書房, 1963年, 19頁.
2 アリストテレス『政治学』山本光雄訳, 岩波文庫, 1961年, 59頁.
3 同上1337b.
4 同上1258b35, 1330a26.
5 プラトン『国家』藤沢令夫訳, 岩波文庫, 1979年, 下巻48頁495, 296頁590.
6 同書 上巻227-234頁405-8, 下巻150頁535d.
7 クセノフォン『オイコノミクス——家政について』越前谷悦子訳, リーベル出版, 2010年, 37-38頁.
8 アリストテレス『政治学』前掲訳書375頁1341a7, 362頁1337b7.
9 同上344頁1333a.
10 プラトン『法律』森進一・池田美恵・加来彰俊訳, 岩波文庫, 1993年, 上巻226頁705a.
11 同上, 下巻326-341頁915-920.
12 アリストテレス『政治学』前掲訳書329頁1328b35.
13 同上47頁以下 1256以下.
14 アリストテレス『ニコマコス倫理学』高田三郎訳, 岩波文庫, 1971年, 上巻20頁 第一巻.
15 日本聖書協会『聖書 新共同訳』「創世記」第3章19節.
16 聖ベネディクト『聖ベネディクトの戒律』古田暁訳, ドン・ボスコ社, 2006年, 119頁.
17 マルティン・ルター「教会のバビロン虜囚について——マルティン・ルターの序曲」『ル

著者紹介

ラース・スヴェンセン Lars Svendsen

1970年生まれ。ノルウェーの哲学者。工場の清掃助手、スポーツライターなどの職を経て、現在はベルゲン大学教授。その著書は27カ国語で翻訳されており、『退屈の小さな哲学』(集英社新書)は世界15カ国語以上で刊行される話題作となった。他の著書に、*Fashion: A Philosophy* (2006)、*A Philosophy of Fear* (2008)、*A Philosophy of Freedom* (2014) などがある。

訳者紹介

小須田 健 こすだ・けん

1964年、神奈川県生まれ。中央大学大学院文学研究科博士後期課程満期退学。現在、中央大学、東京情報大学ほかの講師。専門は、現象学を中心とする現代哲学および倫理思想全般。著書に『日本一わかりやすい哲学の教科書』(明日香出版社) など。訳書にコント＝スポンヴィル『ささやかながら、徳について』『資本主義に徳はあるか』『精神の自由ということ——神なき時代の哲学』(いずれも共訳、紀伊國屋書店) など。

働くことの哲学

2016年4月15日 第1刷発行
2025年2月14日 第7刷発行

発行所 株式会社 紀伊國屋書店
東京都新宿区新宿3-17-7
出版部(編集) 電話 03(6910)0508
ホールセール部(営業) 電話 03(6910)0519
〒153-8504 東京都目黒区下目黒3-7-10

装丁 有山達也
装画 ワタナベケンイチ
印刷・製本 シナノ パブリッシング プレス

ISBN 978-4-314-01136-5 C0010
Printed in Japan
定価は外装に表示してあります。